国家出版基金项目
NATIONAL PUBLICATION FOUNDATION

“十三五”国家重点出版物出版规划项目—构建和谐劳动关系理论研究丛书

农民工维权与服务体系研究

Research on Rights Protection and Service System of Migrant Workers

叶鹏飞 著

中国工人出版社

图书在版编目（CIP）数据

农民工维权与服务体系研究 / 叶鹏飞著.
—北京：中国工人出版社，2020.9
ISBN 978-7-5008-7480-5
Ⅰ.①农…　Ⅱ.①叶…　Ⅲ.①民工－权益保护－研究－中国
Ⅳ.①D923.804
中国版本图书馆CIP数据核字（2020）第171572号

农民工维权与服务体系研究

出 版 人　王娇萍
责任编辑　罗荣波　周子欣
责任印制　栾征宇
出版发行　中国工人出版社
地　　址　北京市东城区鼓楼外大街45号　邮编：100120
网　　址　http://www.wp-china.com
电　　话　（010）62005043（总编室）
（010）62005039（印制管理中心）
（010）82075935（工会与劳动关系分社）
发行热线　（010）62005996　82029051
经　　销　各地书店
印　　制　天津嘉恒印务有限公司
开　　本　880 毫米 × 1230 毫米　1/32
印　　张　6.125
字　　数　140千字
版　　次　2020年10月第1版　2020年10月第1次印刷
定　　价　68.00 元

目　录

绪论

一、人口流动的社会背景

改革开放以来，我国进入工业化和城镇化快速发展的历史时期，人口流动是这一时期社会结构变迁的重要特征之一。大量农村劳动力为了获取更高的经济收入，寻求更好的生活环境和发展空间，离开农村进入城镇，形成了我国城镇化过程中特有的大规模人口流动现象。从农村迁入城镇的农民，虽然开始从事非农工作，在职业上属于工人群体，但由于户籍等条件的限制，使他们成为一个身份与职业相互矛盾的劳动群体，也就是农民工群体。根据国家统计局的监测数据，2019 年我国农民工总量已达到 29077 万人，增速比 2018 年增加了 0.2%，总数持续处于上涨态势。其中，到本乡镇外就业的外出农民工有 17425 万人；外出农民工中，进城农民工有 13500 万人①。尽管近几年在中西部地区就业的农民工人数继续增加，但总体上农民工还是流向大城市和东部沿海经济发达地区，尤其是京津冀地区、长三角地区和珠三角地区。2019 年，外出农民工中有 1.57 亿人是在东部地区就业，占农民工总量的 54%。

---

① 2019 年农民工监测调查报告［EB/OL］. 国家统计局网站，http：//www. stats. gov. cn/tjsj/zxfb/202004/t20200430_ 1742724. html.

经过几十年城镇化的高速发展，我国城镇化率已经得到大幅度提高。2006 年我国城镇化率约 43.5%，但是到 2019 年末，全国大陆总人口中，城镇常住人口 84843 万人，比上年末增加 467 万人，常住人口城镇化率达到 60.6%。[①]，基本相当于每年增长了 1%。随着工业化的深入发展和社会主义现代化强国战略目标的实现，我们要达到发达国家平均 75% 以上的城市化水平，意味着还有 15% 以上的农业人口需要实现非农化，农村人口向城镇空间的聚集现象还将持续。与此相应，农民进城后的就业、市民化、子女教育等问题将是我国社会当前及今后一段时期面临的最重要的课题之一。农民工问题存在的长期性，可见于一些学者对中国社会结构的重新界定，如在传统的“城乡二元社会结构”的基础上，李强教授提出了“三元社会结构”的理论视角，把农民工群体视为介于城市和农村之间的社会“一元”，并且鉴于中国城镇化发展、户籍制度改革、产业变迁等因素的影响，三元社会结构和城市农民工将是一个长期现象而非短期现象[②]。而徐法寅将这种长期性概括为“农民工群体的结构化”，即以“打工的生活方式”为主要特征的农民工群体的规模不断扩大，在城镇劳动力市场中的占比趋于稳定，呈现出“结构化”趋势[③]。

在我国城市建设和发展的过程中，农民工群体作出了巨大贡献，付出了大量心血和汗水，但由于各种因素的限制，未能

---

① 中华人民共和国 2019 年国民经济和社会发展统计公报［EB/OL］，国家统计局网站，www. stats. gov. cn/tjsj/zxfb/202002/t20200228_ 1728913. html.

② 李强．农民工与中国社会分层［M］. 北京：社会科学文献出版社，2004：387.

③ 徐法寅．农民工群体的结构化及其劳动体制分析［J］. 浙江社会科学，2019（2）：74－85.

公平地享受到城市发展所带来的繁荣和成果。尽管他们的工作和生活环境逐步得到改善，但是他们的权益问题一直是社会无法回避的重大问题。要推进李克强总理提出的以人为核心的新型城镇化，解决“三个 1 亿人”问题，即促进约 1 亿农业转移人口落户城镇，改造约 1 亿人居住的城镇棚户区和城中村，引导约 1 亿人在中西部地区就近城镇化，必须正视当前农民工在城市社会中的困难和困扰，加强农民工的维权和服务工作。

二、农民工的主要困难和需求

在我国城镇化过程中，社会体制的调整、城市管理体系的改善和公共资源的建设与配置等，严重滞后于城镇化速度，使农民工群体在地域上进入了城市空间，从事非农工作，但是在生活方式上依然游离于城市文明之外。农民工在城市中遇到的问题和困境，不仅仅是个人的生存境遇问题，也是由于中国社会的特殊结构和社会体制所造成的整个阶层的困境，涉及经济和社会发展多个层面的复杂问题。具体来看，农民工在城市社会中的困难和需求主要体现在以下五个方面。

（一）就业问题

农民进城务工和经商的目的，首先是为了赚钱。进入 21 世纪后，新生代农民工持续增多，逐渐成为外出农民工的主体，他们除经济目标之外，更追求个人在城市社会的发展。但无论基于什么样的原因，工作是农民工在城市生存和发展的立身之本。一份稳定的、有保障的工作，是农民工的最大利益所在。鉴于此，就业领域的问题和需求毫无疑问是农民工群体最忧心和关注的首要问题。2018 年 7 月，中央提出的“六稳”

战略中，就业是排在第一位的。2020 年受突发新冠肺炎疫情影响，中央又提出了“六保”，就业仍然是排在第一位。就业涉及的问题有以下几个方面：

第一是信息渠道单一，难以找到稳定和满意的工作。目前农民工找工作最主要的方式是通过老乡或亲友介绍，以及通过一些职业中介机构。这种方式限制了农民工的选择范围，使他们难以找到适合自己能力和实现自身发展的满意工作，并将他们局限在低层次的劳动力市场当中，难以获得职业地位的向上流动。2012 年清华大学社会学系关于农民工“短工化”就业趋势的调查显示，农民工持续一份工作的时间越来越短，“高流动”和“水平化”特征显著。在被调查的农民工中，有 66% 的人更换过工作，有 25% 的人在近 7 个月内更换过工作，50% 的人在近 1.8 年中更换过工作①。短工化现象近几年在经济新常态下更加明显，甚至出现极端化的“三和大神”这种日结散工的就业状态。

第二是劳动强度大、工作时间长、工作环境差和工资水平低。农民工的超时劳动和高强度劳动已经成为影响他们生命健康的重大问题。2010 年上半年富士康公司的员工“跳楼”事件，十几位农民工选择以自杀的方式诉说劳动的艰辛。当时一篇报道提到，“经济危机后一个工人顶俩用。在富士康厂内，平均每天工作 10 个小时，早上 7 时半进厂，晚上 7 时半出厂，中间有 1 个小时的午饭和休息时间，其中 2 个小时以加班算。小丽说，员工手册规定每工作 2 个小时就可以休息 10 分钟，

---

① 清华大学社会学系课题组. 农民工“短工化”就业趋势研究报告［J］. 清华社会学评论，2013（00）：1－45.

但是很多时候都不能按规定休息，往往是除了中午休息 1 个小时外，一天就只有 10 分钟的时间上洗手间。有的部门甚至长期要加班 3 个小时”。[①] 同时，农民工的工作条件差、环境恶劣，很多劳动场所存在高温、粉尘、噪声、有毒有害气体等严重污染的情况。然而，农民工并未获得与劳动艰苦程度相对应的工资收入。很多数据表明，农民工的平均工资远低于城镇职工的平均工资，并且拖欠农民工工资的现象屡禁不止。

第三是劳动权益问题严重。国家统计局的监测数据显示，2015 年外出受雇农民工与雇主或单位签订劳动合同的占 39.7%，与前几年相比下降得比较明显。[②] 参加社会保险的比例虽然有所提高，但是总体水平仍然较低。2014 年，雇主或单位为农民工缴纳养老保险、工伤保险、医疗保险、失业保险和生育保险的比例分别为 16.7%、26.2%、17.6%、10.5%和 7.8%。[③] 除此之外，对于由政府支出的非缴费性的城市社会福利和社会救助，更没有将农民工纳入覆盖范围。

第四是技术和技能缺乏。在职业生涯中，农民工普遍缺乏技术和技能，相关职业培训严重不足。虽然很多农民工或许具备一些技能，比如在家乡的时候可能是手艺人或是某项能手，但是获得职业资格证书的人数并不多。国家统计局的数据显示，2014 年农民工中接受过农业技术培训的占 9.5%，接受过

---

① 高靖，龙锟，王纳．富士康管理也“钓鱼”［N］. 广州日报，2010－5－13（A21）．

② 2015 年农民工监测调查报告［EB/OL］. 国家统计局网站，http：//www. stats. gov. cn/tjsj/zxfb/201604/t20160428_ 1349713. html.

③ 2014 年全国农民工监测调查报告［EB/OL］. 国家统计局网站，http：//www. stats. gov. cn/tjsj/zxfb/201504/t20150429_ 797821. html.

非农职业技能培训的占 32.0%①。在经济结构转型的大背景下，市场越来越需要知识和技术含量较高的劳动者。知识和技能不足，对农民工就业的稳定性和职业地位的提升非常不利。在目前产业转型升级的背景下，数字经济、平台经济等新业态加速发展，农民工大量投身于外卖骑手、快递员、网约车司机等新兴职业，在劳动强度、安全风险等方面面临更加突出的问题。

（二）家庭问题

农民工离开家乡进入城市，在一个陌生的环境中开始新的生活：一是由于从事时间长、强度大的工作，闲暇时间非常有限；二是由于收入低下和消费能力的不足，使他们的物质生活和精神生活受到一定的影响。农民工家庭生活中的困难和问题主要集中在收入偏低、家庭经济困难、住房困难和居住环境差等客观物质条件上。农民工虽然进入城市，但是多数人居住在城乡接合部地区，在地理空间上仍处于城市边缘地带。随着近些年城市规模的不断扩张，城乡接合部地区离中心城区的距离也越来越远，进一步强化了其空间的边缘性。一些城乡接合部地区在城市扩张中仍然保留着村落形式，由于已经被周边的高楼大厦所包围，从而演变成为现在的“城中村”。“城中村”的问题不仅在于居住条件恶劣，而且存在消防、治安等众多隐患和风险。

此外，夫妻分居也是不少农民工面对的实际问题，这对农

---

① 2014 年全国农民工监测调查报告［EB/OL］. 国家统计局网站，http://www.stats.gov.cn/tjsj/zxfb/201504/t20150429_797821.html.

民工的家庭关系产生较大的冲击。大多数农民工处于夫妻分居的状态，面临家庭照料、子女抚养和教育等方面的诸多困境。

如果说农民工的就业、收入、住房和家庭经济困难主要应通过相应的社会政策去缓解的话，那么农民工在夫妻分居、年轻人找对象、家庭照料等方面的困难就更需要社会组织特别是社会工作机构的介入服务。

（三）城市融入问题

从社会学的理论视角来看，社会融入是处于弱势地位的主体能动地与特定社区中的个体和群体进行反思性、持续性互动的社会行动过程。对于农民工而言，社会融入是这一群体适应城市文明并融入城市生活当中的持续过程。对于融入程度和指标的考察，一般涉及经济融入、行为适应、文化接纳和身份认同等几个方面。

在经济融入方面，从农民工的工作条件、经济收入、居住环境、职业声望和教育培训等情况来看，农民工的融入状态很差，客观上是城市社会的底层群体。从行为适应方面来看，农民工的交往行为具有明显的“内卷化”特征，只能在本群体的内部不断扩展各种关系和网络，虽然他们在城市中开始拥有一定数量的市民朋友，但是相互之间的亲密度、信任度仍然很低，并且农民工在城市社区能参与的活动非常有限。在文化接纳方面上，农民工的态度相对积极，特别是很多人希望自己的子女能够进入公立学校读书，与城市儿童保持更多的交往，但事实上文化融合是一个涉及接纳和排斥的双向过程，目前面临的障碍还有很多。在身份认同方面，涉及农民工与城市人之间的心理距离和最终的归属感，是其社会融入的核心标志。20

世纪 90 年代，农民工在城市中感受到的社会排斥较为强烈，当时一项在北京、上海、武汉的调查显示，有 45% 的农民工感到有时会受到歧视或是会受到某些城里人的歧视，有 18% 的农民工感受到当地市民的强烈歧视，两者相加，也就是说共有 63% 的农民工有社会歧视的感受。同时有三分之二的农民工表示不敢也不愿意与城里人交朋友。[①] 进入 21 世纪后，随着时间的推移，农民工的这种社会排斥感出现了较大的下降，一项调查显示，有大约五分之一的农民工认为在城市里有被城里人看不起，而一半左右的农民工认为没有受到歧视。然而，排斥感、歧视感的降低，并没有改善农民工城市人的身份认同状况，只有 9.9% 的农民工认同自己的城市身份，75.4% 的农民工不认为自己是城市人[②]。

（四）精神文化需求

多数农民工的职业都是时间过长、压力较大、收入较低的脏苦累工作，他们没有时间、精力和相应的条件参加城市社区的各种文化活动。

在农民工群体中，新生代农民工的精神文化生活的需求尤其突出。新生代农民工正处在交友、恋爱、结婚的黄金期，对思想沟通和情感交流的需求更强。由于上班时间过长、接触面较窄，以及企业文化建设的不足、社会人文关怀的欠缺，交友、婚恋和精神情感成为困扰新生代农民工的首要心理问题。有调查发现，“感情孤独”已经成为新生代农民工面临的主要

---

① 李强．农民工与中国社会分层［M］．社会科学文献出版社，2004：227.

② 叶鹏飞．农民工的城市认同与定居意愿研究［M］．光明日报出版社，2013：110.

困惑，在北京建筑业接受调查的农民工中，超过七成将“感情孤独”作为困难的首选。在这种情况下，很多新生代农民工可能会养成一系列不良嗜好，如酗酒、赌博、网瘾等，严重伤害他们的身心健康。

（五）子女教育问题

从20世纪90年代开始，农民工随迁子女的数量逐年递增，城市义务教育资源短缺状况凸显出来。特别是在2004年以前，农民工子女进入城市公立学校需要缴纳借读费、赞助费等额外费用，导致其在公立学校就学非常困难，从而不得不进入教育资源、教学质量等都存在较大差距的打工子弟学校。尽管目前大多数农民工随迁子女就读于城市公立学校，但有调查指出，所涉及的接纳农民工子女的公办中学，均位于城乡接合部地区，从教育教学设施到师资力量，都无法与城市儿童集中就读的学校相媲美。用教师的话说，“来我们学校就读的城市儿童也是比较差的”。近年来，尽管农民工子女入学难的问题已经有了较大的改善，但有调查发现，仍有三分之一的被调查者反映在不同程度上存在着子女入学难的问题，其中有9.3%的人在此方面困难还很大，这说明落实农民工子女在城市中平等受教育权利的工作还需要继续加强。有约三分之一的被调查者反映子女存在成绩不好和学习压力大的问题，这说明能够入学并不是农民工对其子女教育的终极目标，在得到子女入学的权利后，子女的学习状况正在成为农民工下一步关注的焦点问题。

此外，随着时间的推移，大龄农民工子女的数量逐渐增加，使他们在义务教育完成后的继续教育问题凸显出来。2012年8月，国务院转发教育部等四部门《关于做好进城务工人员随迁子女接受义务教育后在当地参加升学考试工作的意见》，提出各省（区、市）要根据城市功能定位、产业结构布局和城市资源承载能力，根据进城务工人员在当地的合法稳定职业、合法稳定住所（含租赁）和按照国家规定参加社会保险年限，以及随迁子女在当地连续就学年限等情况，确定随迁子女在当地参加升学考试的具体条件，制定具体办法。这为农民工随迁子女在异地中考和高考提供了政策基础，但是满足准入条件的农民工随迁子女的比例并不高，特别是在一些大城市中，异地升学的条件相当复杂。比如，北京市教委发布的关于2012 年义务教育阶段入学工作的意见，规定非本市户籍儿童接受义务教育，需要持暂住证、居住证明、务工就业证明、户口所在地乡镇政府出具的在当地没有监护条件的证明、全家户口簿等“五证”方可进入公办学校。2014 年颁布的《国家新型城镇化规划（2014—2020 年）》要求“严格控制城区人口500 万以上的特大城市人口规模”后，北京市开始采取“以业控人”“以房管人”等多种措施，“教育控人”政策开始出现，非本市户籍儿童的入学门槛又有所提高。2012 年之后基于贯彻落实国家下发的《关于做好进城务工人员随迁子女接受义务教育后在当地参加升学考试工作的意见》，北京市政府积极联合各部门起草相关政策，于同年底出台了《进城务工人员随迁子女接受义务教育后在京参加升学考试工作方案》，对农民工随迁子女参加升学考试的准入条件和要求作了详细的规定。其中自 2013 年起，学籍证明、居住证明等相关材料齐全，随迁子女连续就读年限，父母有稳定职业年限等符合规定的随迁子女仅能在当地报考中等职业学校。从 2014 年起，满足上述规定的可报考高等职业学校，也可选择在京通过“借考”

高考，即文化课在京“借考”，学生回户籍所在省份参加高校招生录取。与中考政策相比，在京参加高考的政策明显更加严苛，能够符合条件的随迁子女微乎其微，政策与实际意愿上的偏差未使随迁子女真正受益。

三、研究意义和价值

在新时代背景下，党中央提出了“创新、协调、绿色、开放、共享”的新发展理念，特别是着力于解决发展不平衡、不充分的问题，力求更好地推动人的全面发展和社会全面进步。研究农民工维权与服务工作符合政策发展的大趋势，具有较强的理论和现实意义。

第一，党和国家领导人高度关心农民工工作，针对农民工维权与服务作出了一系列重要指示。2015 年在党的十八届五中全会第二次全体会议上，习近平总书记指出，对 2 亿多在城镇务工的农民工，要让他们逐步公平享受当地基本公共服务。在党的十九大报告中，明确提出要加快农业转移人口市民化，提供全方位公共就业服务，促进高校毕业生等青年群体、农民工多渠道就业创业。2018 年 1 月在中央农村工作会议上，习近平总书记指出，我国城镇化正在推进，农民工进城是大趋势。这方面还有很多事情要做，当务之急是让符合条件的农业转移人口在城市落户安居，加快实现基本公共服务常住人口全覆盖。2019 年 12 月，习近平总书记在 2020 年中央经济工作会议上指出，要加快补齐民生短板，有效解决进城务工人员子女上学难问题。李克强总理也多次强调要加强服务农民工的各项工作。2019 年“两会”期间，他在答记者问时指出，我们要善待农民工，不仅要给他们提供打工的机会，而且要保障他们应有的所得。现在不时发生农民工欠薪的问题，我们要立法规，坚决打击那些恶意欠薪的行为，确保农民工打工有机会，而且合法权益得到保障，要看到他们的身后是无数家庭的希望。2020 年 1 月，李克强总理签署国务院令，公布《保障农民工工资支付条例》，自 2020 年 5 月 1 日起施行。

第二，保障农民工群体的合法权益，保障农民工群体的基本社会服务，使农民工群体能够共享经济社会发展成果，是实现中华民族伟大复兴中国梦的应有之义。近年来，党和国家一直重视社会建设工作，力图通过综合性的治理框架，打造城乡一体化发展的和谐社会。既然是“一体化”与“和谐”，那就应该让所有在城市或农村中生存和发展的人们得到相同的保护与发展。如果有太大的贫富分化、权利差距和矛盾冲突，和谐就不可能实现，共享发展成果也无从谈起。因此，只有切实保障和实现广大农民工的合法权益，使公共服务公平地扩展到这一群体，我们的社会才能成为一个完整的、充满活力和发展力的和谐社会。

第三，在社会走向更加民主、平等、公正和法治的过程中，农民工的权利意识日渐提高，不同形式的维权行动不断增多，组织化的、集体性的权利抗争也时有发生，如何引导农民工群体理性科学依法维权，是构建和谐劳动关系、促进社会和谐的重要内容。同时，我们也需要明确，维权与维稳是一致的，维权的目标就是要实现社会稳定和长治久安。

就维权和服务而言，两者的关系也是一致的。在维护农民工群体合法权益的过程中必然包含着服务的提供，反过来看，服务可以说是源头性、基础性的工作。面对农民工在劳动过程、城市生活中的各种困难和需求，如果各项服务工作都很到位，农民工的相关权益就能得到很好的实现，实际上在服务的过程中也已经实现了农民工的相关权益。

本研究的主要价值体现在两个方面：

第一，系统性地研究农民工维权和服务的组织化发展。通过数据和案例资料，总结农民工群体在维护自身权益的过程中所采取的主要方式，特别是聚焦于农民工群体追求自身合法权益的内在动力，即自我组织的模式和变迁，并探讨这种自我组织的内在力量与政府、工会组织和其他非政府组织等外在力量之间的互动关系，进而从这些过程中透视农民工非政府组织的基本维权和服务模式、行动策略以及在维权服务和自身发展过程中呈现出来的问题和困难。基于这些分析，不仅能较全面地了解推进农民工维权和服务工作的主要思路，更能从中体会到农民工群体在中国大地上辛勤劳作和不断进取的生命激情。

第二，助力推进新时代的社会治理和社会建设。在新时代的社会治理格局中，强调动员组织社会力量共同参与，实现共建共治共享，建设人人有责、人人尽责、人人享有的社会治理共同体。在研究农民工自我组织状况与非政府组织维权和服务状况的基础上，从促进社会治理水平的角度出发，探讨一种发挥党委领导、政府主导作用，工会组织的整合作用，充分利用非政府组织的维权和服务功能，由政府部门、工会组织和其他社会组织共同参与、分工协作的多元化、规范化和制度化的农民工维权和服务体系，推动和谐劳动关系与和谐社会建设。

四、主要概念与研究方法

为了便于读者理解本书关于农民工组织、维权和服务问题的探讨，本节就几个基本概念和研究方法进行简要的说明。主要概念涉及农民工、农民工非政府组织和农民工的权益，目前在不同的研究当中，基本上也有比较一致的认识。在研究方式方面，主要运用调查研究、实地研究和文献研究三种方式。

（一）主要概念界定

第一个重要概念是农民工，也有研究者为了避免这个概念本身所存在的矛盾性和歧视性，将他们称为“进城务工人员”。对这一群体的界定，一般都涉及户籍身份和从事的职业。比如有学者认为，农民工是指具有农村户口身份却在城镇或非农领域务工的劳动者，是中国传统户籍制度下的一种特殊身份标识，是中国工业化进程加快与传统户籍制度严重冲突所产生的客观结果[①]。因此，本报告将“进城务工人员”（农民工）定义为那些具有农村户口而在城市中从事非农工作的农村进城务工经商人员。在社会话语中，类似的称谓还有“民工”“打工妹”“打工仔”等，但这一概念不完全等同于“流动人口”“外来人口”等，因为后者同时包含了城市之间的迁移人口。

第二个重要概念是农民工非政府组织。农民工的权益维护和服务提供经历了一个多元化、组织化的过程。最初，农民工的个体化倾向非常明显，当权益受到损害时，多数是以简单的或极端的个别化方式来表达利益诉求，这里面也包括通过上访等制度化的渠道来寻求利益保护。近年来，工会组织以及一些社会组织都很关注农民工的权益问题，同时农民工也在寻求群

---

① 郑功成，黄黎若莲．中国农民工问题：理论判断与政策思路［J］．中国人民大学学报，2006（6）：2－13.

体力量的过程中，经历着一个自我组织的过程，并最终形成农民工的自我组织形式。农民工自组织又经历一个发展过程，最终成为合法化、规范化和制度化的正式组织。因此，本书所涉及的农民工自组织，是指由农民工发起或参加的，为农民工提供维权和其他服务的正式或非正式社会组织。从外延来看，这就不仅包括目前刚刚起步的自发组织、没有正式组织形式的松散同乡组织，而且也包括一些由农民工建立、目前已经正规化的非政府组织。农民工非政府组织主要是指由农民工建立的正式性的社会组织。需要说明的是，本书在分析过程中，也采用了一些由媒体人士成立、专门为农民工群体开展服务活动的非政府组织案例。

第三个重要概念是农民工的权益。权益是权利和利益的简称。农民工的权益是指通过人口流动过程实现空间转移的农民，作为公民在城市社会中应该享有的各项权利和利益，以及作为劳动者在劳动关系中享有的各项劳动权益。如果作更具体的划分，这些权益可以分为劳动经济权益、政治权益、教育和文化权益以及社会保障权益等多个层面。对于进城务工人员来说，劳动经济权益和社会保障权益是其核心部分。

（二）主要研究方法

本书的研究方法主要涉及三种：一是调查研究，主要是利用了一项抽样调查的部分资料；二是实地研究，主要是在多个非政府组织进行了观察和访谈；三是文献研究，收集了一些政策文本和相关组织的发展资料等。

关于抽样调查，本书利用了2012—2013年清华大学经济社会数据中心组织的“中国城镇化与劳动移民研究”调查项目的部分数据。该项调查考虑到流动人口（农民工是流动人口中从农村向城市流动的部分）分布的不均衡性，采用重复抽选、双重样本设计的抽样办法，先针对全国人口总体，抽选一套全国人口总体的代表性样本，再针对流动人口子总体，按比例抽选流动人口样本。主样本和流动人口样本根据抽样概率加权后合并为总样本。通过多阶段 PPS 抽样，调查一共涉及全国 147 个区（县）、500 个村庄或社区。根据不同的人口比例进行加权处理后，本次调查总的样本数为 12540 个，其中城城流动人口样本为 780 个、乡城流动人口样本为 1943 个、城镇本地居民样本为 2505 个、农村本地居民样本为 7312 个。在具体分析过程中，某些指标上所使用的样本数会因为不适用或缺失值的情况而有所减少。

在分析中，个别表格还使用到本次抽样调查中北京市的数据。在北京市通过上述方法，共获得 289 个流动人口样本。根据户籍状况进行区分，289 个流动人口样本中，97 个样本是城镇户口、192 个样本是农业户口，因此农民工的随机样本是 192 个。

关于实地观察和个案访谈，我们在北京市选择了“在行动”和“协作者”两个草根性的农民工非政府组织作为个案，组织学生参与机构的一些活动，并对组织负责人进行了访谈。“在行动”的全称是“北京在行动国际文化中心”，是 2006 年 12 月 18 日经工商登记注册，由打工者自己创建的非政府性、非营利性、自愿性的草根组织，其主要工作是服务于城市中的打工群体，促进教育和文化事业的发展。“协作者”的全称是“北京市协作者社会工作发展中心”，成立于 2003 年 3 月，是一家在工商部门登记，专门从事农民工维权救助、农民工公共政策倡导等工作的草根非政府组织。同时，一些并非由农民工建立的服务农民工的非政府组织，也会在研究中有所涉及。比如，北京的“打工妹之家”，建立于1996年，是中国第一家为农村走进城市寻找工作的“打工妹”服务的机构，尽管并非是农民工自发组织，但其发展历程和发挥的功能多有相似之处。此外，在研究过程中，我们发现湖南省长沙市有一个2011年10月新组建的农民工非政府组织——长沙“工之友家园”，由于尚处于成立初期，有利于对农民工自组织的起步阶段和发展过程作更详细的了解，因此本研究也将该组织纳入研究对象，对该组织的主要成员进行了访谈，收集了其自身发展和开展农民工服务方面的资料。

关于文献研究，本书主要是对涉及农民工权益的人口流动政策和公共服务政策进行了详细梳理，并利用和分析了一些农民工非政府组织的二手文献资料。对于创建历史较久的农民工非政府组织来说，目前已形成比较规范的组织体系、运作过程和服务活动等，积累了比较丰富的文献资料。比如，北京的“小小鸟打工互助热线”“协作者”“打工妹之家”等，它们均建有专门的网站平台，及时公布组织的最新资讯和工作情况。因此，收集和分析这些文献资料，对于本书的研究主题来说，也具有重要的价值。

第一章

农民工维权与服务体系的研究文献

农民工的权益保障问题已经引起了社会各界的普遍关注，很多研究都对此有明确的阐述。在劳动经济权益方面，农民工的平等就业权受到限制，绝大多数农民工处于下层劳动力市场，承担劳动条件最差、劳动强度最大、城市居民不愿意干的工作；同工不同酬、随意拖欠工资的现象屡禁不止，甚至恶意拖欠、克扣农民工工资的现象也时有发生；超时超强度工作的现象普遍存在；而且工作环境恶劣，劳动安全无保障。在政治权益方面，农民工还缺少表达自身利益的有效渠道，尽管在人大会议中也出现了农民工代表的身影，但仍然不足以代表亿万农民工群众；农民工也并未真正融入城市产业工人的行列，其工会组织建设的形式和实践仍处在探索阶段，对农民工形成的凝聚力、向心力作用还不够强大。在教育和文化权益方面，农民工自身职业教育比较缺乏，在城市中，很多农民工随迁子女被称为“流动儿童”，他们很难接受良好的义务教育，制约了这个群体的技能提升和文化积累。在社会权益方面，农民工很难共享经济社会发展的成果，社会保障权利、迁徙权利、居住权利等比较欠缺。缺少社会保障这一重要支撑，会加剧农民工的不安全感，妨碍农民工市民化过程，进而也会影响我国城市化的历史进程。基于当前农民工的权益状况，本书对农民工维权方式、公共服务、维权和服务组织等相关内容进行简要概括。

第一节　农民工权益维护现状研究

权益维护是农民工所面临的重要问题。当然，农民工权益受损不只是中国独有的现象，其他国家同样也会面临这个问题。在保护劳工权益和工人组织维权方面，国内外学者都有很多相关的研究，其中包括西方学者对中国工会和劳工问题的研究，这对于我国农民工群体的权益维护具有借鉴意义。

一、国外学者研究

美国学者 Wright 认为，工人的力量有两种类型，一种是联合性力量（associational power），工人利用自身的组织（比如工会、政党等）来争取本阶级的利益。另一种是由自身在经济体系中的位置（又分为劳动力市场和工作场所两种环境中的类型）所形成的结构性的讨价还价的力量（structural power）①。Silver 在《劳工的力量》一书中也对 Wright 的观点进行了进一步的阐述和分析，他认为关于结社力量和结构力量的区分，为区别工人谈判力量的不同类型提供了一个有用的出发点②。从组织的角度来看，国外的研究主要集中在工会方面，在西方国家的工人维权中，工会的作用非常重要。对于工会的论述，主要是从工会本来的责任、工会目前发挥的作用、影响工会的因素和工会面临的挑战等方面进行的。

---

① Wright. E. O.，Working - Class Power，Capitalist - Class Interests，and Class Compromise，American Journal of Sociology，2000，105（4）：957 - 1002.

② Bevery J. Silver，Forces of labour：Workers' movements and globalization since 1870，Cambridge University Press，2003.

Cedric Dawkins 整合了商业与社会、商业伦理和劳动关系文献中的相关理论与概念，提出关于工会的社会责任应包括三个基本目标的活动：经济平等、工厂民主和社会公正，而这三个目标都和工人权益的维护紧密相关①。对于工会组织发挥的作用，很多研究者持肯定态度。Sinclair Robert 等人指出，与高层管理者和直接主管相比，工会的优先权使其有助于帮助提高零售业职工的安全性②。当然，工会目前发挥的作用在维护职工权益方面还是不够的，Chaturong Napathorn 等人针对泰国 9 个私企和 2 个国企的调查发现，存在十三种影响因素，宏观层面（国家层面）的因素包括工会的联合、大众媒体、文化因素、劳动关系法律、经济和政治及人口的改变、政府的角色；微观层面（企业层面）的因素分别为集体谈判、工会政策、工会会员的团结性、雇佣政策、工会的财务状况、工会主席和董事会委员会、工会和雇主的关系等③。

在新的时期，工会面临的挑战也是相当艰巨的，这也决定了其未来路径的选择。Edward Scanlon 等提出，在第二次世界大战之后，社会工作和工会开始走互相结盟的道路，以发挥各自的社会功能④。值得注意的是，Anita Chan 提出，在中国，

① Cedric Dawkins, Beyond Wages and Working Conditions: A Conceptualization of Labor Union Social Responsibility. Journal of Business Ethics, 2010, 95 (1): 129 - 143.

② Sinclair Robert R., Martin James E., Sears Lindsay E., Labor unions and safety climate: perceived union safety values and retail employee safety outcomes. Accident Analysis & Prevention, 2010, 42 (5): 1477 - 1487.

③ Chaturong Napathorn, Suchada Chanprateep, What Types of Factors Can Influence the Strength of Labor Unions in Companies and State Enterprises in Thailand?. International Journal of Business and Management, 2011, 6 (2): 112 - 124.

④ Edward Scanlon, Scott Harding, Social Work and Labor Unions: historical and contemporary alliances. Journal of Community Practice, 2005, 13 (1).

工人维权还可以走职工代表大会的路径，如果劳动者和企业关系恶化，职工会将职代会转变为表达他们利益和权利的场所。[1]

在国外学者关于中国工会作用的研究中，法团主义是一种重要的理论模式。该模式认为工会组织也是国家的一种总体性制度安排，是被整合进政府机构的功能性法团代表之一，具有维护国家利益和保障工人权益的双重责任。有研究者认为中国工会发挥着连接党和工人的传送带作用，一方面要组织工人参加经济建设，实现国家整体利益，另一方面也要维护工人的基本权益。在这两个功能上，前者经常压制了自下而上的工人利益表达[2]。中国工会的这种双重或多重功能，事实上在中国工会法和工会章程中是有明确阐述的。Gordon White 也认为中国工会是党和政府保持劳动关系平衡的重要依靠力量，政府、工商界和工会组织之间会形成一种三方法团主义的形式，工会在这种形式中同样具有多种身份和作用[3]。

二、国内学者研究

国内关于农民工权益维护的研究资料较多，在不同的学科均有涉及。本书大致从维权意愿、维权主体和维权方式三个方面对现有研究进行简要梳理。

---

① Anita Chan, A "Race to the Bottom": Globalization and China's labor Standards, China Perspectives, No. 64, March－April 2003: 41－49.

② Anita Chan, Revolution or Corporatism? Workers and Trade Unions in Post－Mao China, The Australian Journal of Chinese Affairs, 1993, 29 (1): 31－61.

③ Gordon White, Chinese trade unions in the transition from socialism: towards corporatism or civil society, British Journal of Industrial Relations, 1996, 34 (3): 433－457.

（一）维权意愿

相对于人口流动的早期而言，特别是在新生代农民工成为主体力量之后，农民工群体的权利意识已经得到明显的提升。这种变化的原因，既有个体因素，也有国家政策发展、公民意识提升和社会关系迭变等方面的影响。郑卫东认为，农民工的维权意识会持续增强，并且受到文化程度、法律知识等因素的影响。他对长三角地区农民工的调查显示，同期群、工作职位、法律认知水平和单位性质等变量对农民工维权意愿影响显著，而更换工作次数、维权经历评价、加入社团数量等变量的影响不显著。同时，农民工维权意愿的变动不仅受到单位及国家制度环境等外在因素的影响，也受其个人情感、社会阅历、人力资本等个人内在力量的综合影响①。

目前在对农民工维权意愿的分析中，体现出不同的研究维度，比如制度化维权意愿和非制度化维权意愿。杨翠萍、李秋霞基于对武汉市农民工的调查数据，讨论了农民工制度化维权意愿的基本状况。他们发现，当农民工的权益受损时，有78.23%的人并不排斥制度化维权，并且愿意通过正式合法的渠道来维护个人权益，这一比例远高于以往的经验研究发现。从影响因素来看，老乡会、政治信任度和企业的侵权状况对农民工的制度化维权意愿有显著影响，而对工会、政府的信任度和企业的社会保障水平等变量的影响不显著。在个体特征方面，受教育程度、婚姻状况、政治面貌和在岗职位成为影响农

---

① 郑卫东．农民工维权意愿的影响模式研究基于长三角地区的问卷调查［J］．社会，2014（1）：120－147.

民工制度化维权意愿的重要因素①。朱平利研究了农民工的非制度化维权意愿，涉及自残自杀威胁、堵马路、游行示威、罢工、打砸、找黑社会等六种方式。他发现，基本心理需要满足程度提高能够降低农民工的非制度化维权意愿，并且相对剥夺感在基本心理需要与非制度化维权意愿之间起着部分中介作用。因此，可以通过满足农民工基本心理需要，降低其相对剥夺感，从而降低其参与非制度化维权意愿，让更多的农民工通过理性的方式来维护自己的合法权益，从而达到构建和谐劳动关系的目的②。汪华讨论了农民工参与集体行动的意愿，提出由于正式制度支持相对缺乏，权益受损的农民工往往以诉诸集体的形式来实现权益维护。这种集体行动的意愿，固然受到农民工个体利益目标诉求的影响，但同时也深受其所嵌入的社会关系的制约。在控制了个体特征、企业特征与劳动权益变量后，乡土嵌入与工作嵌入对农民工集体维权意愿有显著影响，其中乡土嵌入程度越高，集体维权意愿越高，而工作嵌入程度越高，集体维权意愿越低③。

（二）维权主体

农民工最初的维权是个体性的，维权的主体就是农民工个体。但由于处在社会底层的个人无法与强大的资方对抗，部分个体就会选择用一些比较极端的非制度化方式进行维权，比如

---

① 杨翠萍，李秋霞. 农民工制度化维权意愿的多维度分析［J］. 华南农业大学学报（社会科学版），2016（5）：78－86.

② 朱平利. 基本心理需要与农民工非制度化维权意愿［J］. 华南农业大学学报（社会科学版），2018（1）：47－58.

③ 汪华. 乡土嵌入、工作嵌入与农民工集体行动意愿［J］. 广东社会科学，2015（2）：194－203.

以自残、跳楼等方式作为威胁，希望借此引起社会的关注，从而达到维权的目的。因此，各种媒体经常会出现一些污名化的报道，比如“4 个农民工干完活讨不到薪水，相约跳楼被民警解救”“讨薪无果欲跳楼，东海民警成功救下一名农民工”等。当然，除了自主讨薪维权之外，部分农民工也会借助家属的力量进行维权。比如 2007 年 9 月出现的“太太讨薪队”事件，农民工让太太们帮忙讨薪，同时借助社会舆论的力量，获得了大众普遍惊异、无奈、肯定和同情等情感反应，最终取得了理想的效果。王伦刚认为，太太们讨薪实质上是农民工在正式法律框架下的一种非正式的利益抗争行为①。此外，在农民工维权过程中，社会精英的力量不可忽视，纵观近几年的维权事件发现，精英维权的比例越来越高，比如周林刚、冯建华等提到的 X 厂②和吴同、文军等提到的 SNS 企业③，都是由农民工精英主导的集体维权的典型案例。董玥玥也指出，近年来农民工集体维权中呈现精英性的趋势④。同时，随着社会各界对农民工群体关注度的提升，很多群团组织、社会组织如工会、NGO 等也都开始帮助农民工讨薪维权，具体关于组织维权的研究将在后文进行专门梳理。因此，从维权主体来看，农民工的权益保护也开始呈现多元化的趋势，除了农民工自身，其亲

---

① 王伦刚．农民工的非正式利益抗争及其运作机制——基于“太太讨薪队的故事”的分析［J］．天府新论，2009（5）：66－70.

② 周林刚，冯建华．农民工集体行动的策略——基于 X 厂 3 位组织精英的个案分析［J］．甘肃行政学院学报，2009（1）．

③ 吴同，文军．自我组织与遵纪守法：工人依法维权的集体行动策略——以上海 SNS 企业工人抗争为例［J］．社会，2010（5）：121－141.

④ 董玥玥．非制度化利益抗争：农民工维权的行动策略及其解释［J］．湖北省社会主义学院学报，2011（6）：74－77.

属、身边的精英及社会组织等也都开始实施帮助，为农民工争取合法权益、保障自身利益提供了多方支持。

（三）维权方式

在农民工的权益维护方式上，学者们根据不同的标准划分出不同的类型。刘建洲根据组织程度和抗争性质构建了一个类型学框架，将农民工维权方式分为消极的个体抗争、积极的个体抗争、消极的集体抗争和积极的集体抗争四种类型，并指出不管是指向自身的消极抗争还是指向资本和更宏大的社会结构的积极抗争，都有助于该群体阶级意识的成长[①]。维权可以看作农民工的一种利益表达。王金红、黄振辉指出，农民工维权分为制度化的利益表达和非制度化的利益表达，在维护自身利益的时候，对基于地缘关系、友情关系形成的非正式利益表达途径有较高的认同度和效能感，而对正式利益表达途径则缺乏认同[②]。

从行动主体来看，农民工维权又可以分为个体维权和集体维权。最初的维权方式是以个体维权为主，这种个体维权既包括制度化的方式，也包括非制度化的方式。在个体维权成本很高或者收益很小的情况下，农民工群体会逐渐走向集体维权。

王金红等人的抽样调查显示，找亲友帮忙是农民工认为最有作用也最容易实施的维权方式，制度化维权方式有作用但是很难实施[③]。佟丽华、肖卫东的“中国农民工维权成本调查报

---

① 刘建洲．农民工的抗争行动及其对阶级形成的意义——一个类型学的分析［J］．青年研究，2011（1）：33－43＋95.

② 王金红，黄振辉．制度供给与行为选择的背离——珠江三角洲地区农民工利益表达行为的实证分析［J］．开放时代，2008（3）：60－76.

③ 王金红，黄振辉．制度供给与行为选择的背离——珠江三角洲地区农民工利益表达行为的实证分析［J］．开放时代，2008（3）：60－76.

告”显示，为了索要1000元的费用，农民工个体通过制度化的方式，走完所有程序，维权的经济成本、时间成本、政府成本和法律援助成本在3420～5720元①。事实上，亲友帮忙的非制度化方式，在面对工业社会中强大的资本力量时，维权的力度也是非常有限的。因此，高额的维权成本往往不能带来高效的维权收益，凭借农民工个体的一己之力通常难以有效维护自己的合法权益。石晓天认为，个人维权的艰难使他们意识到依靠组织或者自己组织起来的必要性②。程奕建通过实证研究，提出由于单个农民工无力解决问题，提高个体的组织化程度是必然选择，通过参与或组建各种游离于企业正式组织之外的非正式组织来表达其利益或情感诉求③。梁伟军、李巨存认为，组织化维权是“建设社会主义法治国家”背景下公民维权行动发展的必然趋势，农民工组织化维权不仅是公民维权行动的重要组成部分，也是基层民主政治建设的重要内容，需要在现代国家、社会与公民良性互动关系构建的过程中逐步规范和完善。他们的研究发现，目前农民工组织维权的意愿较强，组织化维权的方式多样，但是组织化维权的能力较弱、效果一般④。因此，各种帮助农民工维权的组织应运而生，农民工也逐渐从个体维权走向集体维权。这种变化，与有些学者提出的中国劳动

---

① 佟丽华，肖卫东．民工维权成本调查报告出炉 讨薪成本三倍于收益［EB/OL］．中国网，http：//www.china.com.cn/chinese/zhuanti/nmg/895262.htm.

② 石晓天．农民工权益维护的路径分析及其出路［J］．湖北省社会主义学院学报，2011（1）：77－81.

③ 程奕建．农民工对老乡会倾向性的实证研究［J］．广东农业科学，2011（14）：189－192.

④ 梁伟军，李巨存．农民工组织化维权现状及其效果的影响因素研究——基于河南省X县农民工的调查［J］．江汉大学学报（社会科学版），2017（2）：32－38＋124.

关系从个体劳动关系转向集体劳动关系的趋势是一致的[①]。集体维权意味着农民工要加入或者成立一定的组织，目前国内关于农民工组织化问题的研究大致涉及农民工非政府组织、其他社会组织和工会这三种组织方式，本书将在下一部分单独进行梳理。

总体来说，从近些年的相关文献来看，农民工的维权行为呈现出如下趋势：维权意愿的影响因素涉及个人、国家和社会等多重因素，维权主体从单一性、传统性逐渐转向多样性、现代性，维权方式逐渐从分散性、自发性逐渐转向集体性、自觉性。除此之外，周斌提出，农民工维权起因从浅层的经济纠纷逐渐涉及较深层的利益分割，维权的目的也从权利的补偿逐渐转向权利的平等[②]。

第二节　农民工服务问题研究

农民工群体在城镇社会中所面临的问题，不仅涉及劳动经济领域，也涉及社会融入、子女教育、生活保障等各个领域。农民工群体在权益方面遭遇的困难，也是因为他们在城市社会中难以获得均等的公共服务资源。随着经济社会的持续发展，以及党和国家在社会治理方面的理念进步，针对农民工群体的各项社会政策和服务项目不断涌现。与此同时，关于农民工管理和服务的研究也取得了不少成果。

---

① 常凯．劳动关系的集体化转型与政府劳工政策的完善［J］．中国社会科学，2013（6）：91－108.

② 周斌．农民工维权行动的路径分析［J］．学术交流，2009（1）：130－133.

一、农民工公共服务均等化一体化研究

党的十八大报告要求各级政府大力推进城镇化，推进农民工市民化，在农民工市民化进程中为其提供全面的、均等化的基本公共服务。党的十九大报告对新时代我国社会的主要矛盾进行了新的概括，即人民日益增长的美好生活需要和不平衡不充分的发展之间的矛盾。在保障和改善民生水平部分，强调要履行好政府再分配调节职能，加快推进基本公共服务均等化，缩小收入分配差距。近几年的研究都对农民工公共服务领域的不均衡性进行了分析，并提出相应的解决方案。

李建等人将农民工管理服务分为管理、培训、使用和权益保障四个方面，认为这四个方面的无序状态不利于城乡一体化发展。提出要认真贯彻党和国家关于做好农民工服务工作的系列方针政策，从加强完善治理结构和治理方式入手，统筹城乡两大方面，构建城乡一体化的农民工管理、培训、使用、权益保障四大体系，从而达到管理、培训、使用、保障四个有序[①]。姜捷分析了农民工市民化进程中基本公共服务均等化面临的问题，探讨了解决这些问题的基本路径，提出了要改善政府服务理念，将农民工纳入基本公共服务对象，加快基本公共服务制度建设，完善农民工社会保障机制，引导他们参与城市生活民主管理等具体措施。[②] 钟兵从教育、就业、医疗卫生、社会保障、住房等方面描述了目前农民工群体所能获得的公共

---

① 李建，盛振文，王互琴．构建城乡一体的农民工管理服务体系［J］．中国成人教育，2015（20）：189－192.

② 姜捷．农民工市民化进程中基本公共服务均等化问题研究［J］．农业经济，2015（12）：78－79.

服务非均等化问题，指出其主要原因在于地方政府不够重视、农民工权益缺乏有效的法律和组织保障、市民化的成本较高等，并从法律法规、户籍制度改革、公共服务制度、公共财政体制等方面提出了对策建议①。

二、农民工服务的不同领域研究

2014 年 9 月，国务院印发了《关于进一步做好为农民工服务工作的意见》，肯定了农民工已成为我国产业工人的主体，是推动国家现代化建设的重要力量，为经济社会发展作出了巨大贡献，要有序推进农民工市民化，推进农民工群体享受城镇基本公共服务，并提出了四项政策措施：一是稳定和扩大农民工就业创业，二是维护农民工的劳动保障权益，三是推动农民工逐步实现平等享受城镇基本公共服务和在城镇落户，四是促进农民工社会融合。这四项措施涉及全方位的服务领域，提供了农民工服务工作的基本框架。近些年，学术界也在农民工群体的不同服务领域进行了积极的探索和研究。

战梦霞等人在一项调查研究中讨论农民工享受的城镇公共服务情况时，分别从公共就业服务、子女接受教育、医疗卫生服务、住房保障、公共文化服务五个方面进行描述②。这些方面涵盖了农民工在城市工作和生活所面临的基本服务问题，也受到很多研究者的关注。对于农民工群体的职业发展而言，职业教育可能是一个非常重要的路径。有研究专门探讨了职业教

① 钟兵. 农民工基本公共服务均等化探析 [J]. 宏观经济管理，2015 (8): 71 - 74.

② 战梦霞，高亚春，高炳安. 农民工公共服务、落户意愿及城市归属感调查研究 [J]. 兰州学刊，2018 (4): 177 - 188.

育服务新生代农民工职业转换的“嵌入式”路径，提出通过职业教育这个中介，提供技术技能教育、培训，提高新生代农民工的职业转换能力[①]。在农民工子女教育和社会融入等问题上，近些年的研究成果也非常丰富。相关研究都提出在解决农民工随迁子女问题时，应减少社会控制和社会排斥[②]，尤其是在户籍、教育、保障、医疗等制度上[③]，缩小城乡差距，加大对流动儿童的教育支持。吴开俊、吴宏超在珠三角地区调研的基础上，提出政府在进城务工人员随迁子女集中的地区，应根据当地实际情况，采取多样化的形式满足教育需求，在有规划地扩大公办学校规模的同时，积极引导社会第三部门参与，扩大教育服务，从政策上鼓励和扶持民办学校的发展与壮大，使他们成为解决进城务工人员随迁子女接受义务教育的重要渠道[④]。在农民工社会融入的过程中，公共文化服务也是重要的支撑之一。研究者发现，农民工公共文化服务内容贫乏、满意度不高，其原因主要是闲暇时间少、收入低、社交网络窄等，因此要扩大农民工对公共文化服务的知晓度，丰富面向农民工群体的文化活动，充分发挥社区、企业以及社会组织在农民工公共文化服务提供方面的作用[⑤]。还有很多其他领域的研究，

---

① 王鑫芳，俞林．职业教育服务新生代农民工职业转换的“嵌入式”路径研究［J］．成人教育，2016（11）：1－4.

② 周序．流动儿童教育政策中的社会控制理念［J］．江西教育科研，2007（5）：35－38.

③ 张立忠．城市流动儿童的社会整合及其对策［J］．南方农村，2007（1）：44－47.

④ 吴开俊，吴宏超．珠三角地区进城务工人员随迁子女义务教育问题研究［J］．教育研究，2011（12）：20－24.

⑤ 姜海珊，李升．城市融入视角下的北京农民工公共文化服务状况［J］．人口与社会，2016（2）：48－55.

比如涉及农民工社会福利服务供给的研究，提出建立农民工增能发展型社会福利服务供给体系[①]；涉及农民工职业安全和健康服务的研究，提出要理顺政府、企业和以工会为主的社会团体之间的职责分配关系，加快农民工职业安全健康服务向公共服务转变，实现以压力为主的权威结构向企业自律下的公私合作治理结构的转变等[②]。

三、农民工服务的多元主体研究

与农民工维权问题较为类似，开展农民工服务工作的主体是多样化的。这与农民工服务内容的广泛性也是相联系的，多样化的服务工作领域、极其艰巨的均等化工作目标，都决定了开展服务工作的主体不可能是单一的，必然需要政府和社会各界力量的共同努力。现有研究一般都强调单纯由政府主导农民工服务项目的局限性，并提供多元主体参与的模式构想。

有研究者在讨论农民工公共文化服务时提出，政府主导下的农民工公共文化服务供给模式，存在着供给不足、供给不均与供给无效等问题，未能有效满足农民工群体日益增长的复杂化、差异化的文化需求。基于多元治理和参与原则，需要创造条件让社会力量广泛参与，构建农民工公共文化服务的多元主体参与和社会化供给模式，其中包括重塑政府主体性地位，强化政策引领和统筹监管；推动政府与市场形成“掌舵”与

---

① 岳天明，朱志刚．我国农民工增能发展型社会福利服务供给研究［J］．学习与实践，2017（12）：106－113.

② 王彦斌，杨学英．制度扩容与结构重塑——农民工职业安全与健康服务的适应性发展［J］．江苏行政学院学报，2015（6）：62－69.

“划桨”的平等合作关系，实现文化企业生产与政府购买的社会化供给；弥补政府失灵和市场失灵，鼓励官民合作与志愿性服务，推动社会组织与公益力量积极参与；激发农民工的文化自信，提升农民工自身文化自觉意识和文化参与能力，挖掘农民工自身文化创造潜能[①]。除了政府和市场主体在公共文化服务提供上存在不足，社会组织（涉及文化类社会组织、志愿团体、社区等）功能的发挥也会受到较大的限制，也就是说，任何一个主体单独供给都不能有效满足农民工公共文化服务需求，因此需要形成以党政群官方组织为主导的多元主体共同供给的主体关系模式[②]。何晓红也认为农民工基本公共服务应该由政府来承担责任，但非基本公共服务可以通过市场和社会来运作，因此要处理三者的协同作用问题，努力形成政府、市场和社会三者之间的新型协同互动和有效合作机制[③]。江刘伍等人同样认为要坚持政府主导的方针和原则，推动公共文化服务的市场化和社会化，调动社会力量参与公共文化服务资源供给[④]。谢建社等人根据广东省 G 市公共服务的相关标准，测算了农民工市民化在教育、医疗、社会保障等各个方面的人均服务成本，提供了多元主体分担成本的具体机制，即建立中央政府、地方政府、市场和个人共同承担的多元化成本分

---

① 兰剑. 政府主导下的农民工公共文化服务供给困局及其路径重构——“社会化供给与多元主体参与”模式的一种设想［J］. 吉首大学学报（社会科学版），2015（5）：82－88.

② 陈世香，赵雪. 农民工公共文化服务供给机制研究：基于“服务三角”模型的建构［J］. 行政论坛，2017（1）：103－110.

③ 何晓红. 农民工公共服务：政府、市场、社会新型协同互动［J］. 云南行政学院学报，2017（3）：87－93.

④ 江刘伍，沈梅. 当代中国农民工公共文化服务现状及路径探究［J］. 艺术百家，2015（2）：49－53＋15.

担机制①。

第三节　农民工维权与服务组织的研究

托克维尔曾说过："在民主国家，他们就不能单凭自己的力量去做一番事业，其中任何人也不能强迫别人帮助自己。因此，他们如不学会自动地互助，就会全体陷入无能为力的状态②。"在高度组织化的现代社会，农民工只有运用集体的力量，走集体维权的道路，才更有可能实现自身权利救济和利益保护。集体维权意味着农民工要加入或者成立一定的组织。就目前国内文献来看，农民工的组织化问题研究大致涉及农民工非政府组织和工会两种组织方式的探讨。

一、农民工非政府组织研究

学术界关于农民工非政府组织的研究有很多，有些研究者将其称为农民工组织、农民工民间组织等，但是按照组织方式将其分类进行研究的相对较少。余章宝等人以珠江三角洲地区为例，根据农民工非政府组织的产生方式，将其分为"农民工自下而上自发产生的草根农民工非政府组织"和"自上而下的由社会精英倡导的农民工维权非政府组织"③。前者是典

---

① 谢建社，张华初．农民工市民化公共服务成本测算及其分担机制——基于广东省 G 市的经验分析［J］．湖南农业大学学报（社会科学版），2015（4）：66－74.

② ［美］托克维尔．论美国的民主［M］．董果良译．商务印书馆，1991：113.

③ 余章宝，杨淑娣．我国农民工维权 NGO 现状及困境——以珠三角地区为例［J］．东南学术，2011（1）：59－69.

型的农民工自组织，后者则是服务农民工群体的外生型农民工组织。农民工自组织既是由农民工创建或参加的组织，也是服务于农民工的正式或非正式组织。这些组织多数创建在我国东部地区或经济比较发达的城市。赵靖将自组织的特征概括为自办、自管、自受益[①]。最早的农民工老乡会可以算作这类自组织的前身，徐建丽认为，当遭遇更多的矛盾和问题，并经历了个体寻求利益保护屡遭失败后，有些农民工会尝试独立组建“老乡会”“民间工会”等自立性的维权组织开始自己的维权之路[②]。虽然在产生方式上有所不同，但是自组织和外生型组织在产生背景、社会作用和面临困境等方面比较一致，因此在一些文献中也并未明确加以区分。对于外生型农民工组织即农民工非政府组织的研究，内容要相对丰富很多，接下来的部分将作专门介绍。

（一）关于组织产生原因的研究

从现有研究来看，农民工非政府组织产生的原因大致分为五个方面。第一，城市化的迅猛发展是前提。赵靖认为，正是城市化导致许多农民工涌入城市，农民工团体组织应运而生，农民工组织便是农民工团体发展的产物[③]。第二，宽松的宏观环境是条件。20 世纪 90 年代中后期，政府对民间组织的作用逐渐作出正面评价，邓保国指出，相对宽松的宏观制度环境为

---

① 赵靖．城市化进程中的农民工自组织建设［J］．投资与创业，2012（11）：33－34.

② 徐建丽．农民工自力维权组织与工会引导［J］．中国劳动关系学院学报，2011（5）：43－46.

③ 赵靖．城市化进程中的农民工自组织建设［J］．投资与创业，2012（11）：33－34.

农民工民间组织的成长创造了合法的制度空间①。第三，农民工合法权益屡受侵害、个体维权成本高昂是直接原因。徐旭初等认为，农民工在城市的合法权益得不到保障，以一己之力难以与企业或资本方抗衡，因此逐渐意识到“团结就是力量”，开展组织维权②。第四，农民工利益表达机制的缺乏是制度根源。王聪提出，农民工在国家权力机关中的直接参与程度有限、信访制度有限、工会组织、司法救济制度等作用还比较有限，因此利益表达机制的缺陷是农民工组织产生的制度根源。第五，农民工权利诉求意识是思想根源。王聪认为，农民工的权利意识、利益诉求意识和组织诉求意识正在觉醒，这构成了农民工组织产生的思想根源③。

在各种力量的推动下，1996 年国内最早的农民工非政府组织，即“打工妹之家”在北京成立。这些机构的成立是农民工非政府组织从无到有的重要转折点④。在随后的几年中，以为农民工服务为主要目的的机构如雨后春笋般涌现，比如 2003 年在深圳自发成立的“工友书屋”，同年成立的“中山大学妇女与性别研究中心法律援助部”等。除了专门成立相关的维权机构，也有部分地缘组织通过转型实现为农民工维权的功能，比如福建泉州部分“老乡会”“同乡商会”等逐渐演变

---

① 邓保国．农民工民间组织的基本功能研究［J］．农业经济，2009（2）：78－80.

② 徐旭初，吕冬洁．农民工维权组织及其组织化问题研究——以浙江省为例［J］．杭州电子科技大学学报（社会科学版），2007（4）：1－6.

③ 王聪．我国农民工自组织产生的深层根源［J］．科技信息，2010（22）：19＋21.

④ 姜涛，孙玉娟．非政府组织（NGO）对农民工维权的影响与制约［J］．南京农业大学学报（社会科学版），2008（1）：14－19.

为农民工维权组织[①]。

（二）关于组织发展状况与维权作用的研究

目前对于农民工非政府组织发展状况的研究仍然不多，主要结论集中在以下几个方面：在注册方式上，绝大部分机构是工商登记注册，获取企业法人资格，主要原因将在困境分析部分提及；在资金来源上，基本不容易得到政府资助，主要依靠服务咨询收费或负责人自筹资金；在人员构成上，主要由理事、受薪人员和志愿者组成，受薪人员流动性较强；在活动范围上，具有较强的地域限制，服务范围局限于某一特定的城市或地区[②]。

从农民工非政府组织内部管理来看，张小霞等认为呈现出组织规模小、缺少专业人才、透明度低和社会影响力不足等缺陷，进而提出其发展的新趋势为：形成农民工非政府组织集群、形成多方社会力量的联合支持网络、提高社会关注度、以企业社会责任的要求规范自身组织行为等[③]。从外部环境来看，随着社会治理概念的提出，社会组织迎来新的发展。党的十九大报告中提出，要完善党委领导、政府负责、社会协同、公众参与、法治保障的社会治理体制，打造共建共治共享的社会治理格局。十九届四中全会通过了《中共中央关于坚持和完善中国特色社会主义制度推进国家治理体系和治理

---

① 江立华，胡杰成．“地缘维权”组织与农民工的权益保障——基于对福建泉州农民工维权组织的考察［J］．文史哲，2007（1）：134－139.

② 余章宝，杨淑娣．我国农民工维权 NGO 现状及困境——以珠三角地区为例［J］．东南学术，2011（1）：59－69.

③ 张小霞，张磊．基于网络调查的农民工 NGO 组织管理行为研究［J］．中国人民公安大学学报（社会科学版），2015（4）：33－38.

能力现代化若干重大问题的决定》，进一步提出必须加强和创新社会治理，完善党委领导、政府负责、民主协商、社会协同、公众参与、法治保障、科技支撑的社会治理体系，建设人人有责、人人尽责、人人享有的社会治理共同体。在这个治理格局或者社会治理共同体中，特别强调对社会组织的培育和引导，以引领和推动社会力量共同参与。这些都为社会组织参与社会治理提供了制度保障，也为农民工非政府组织发展提供了良好契机。

关于农民工非政府组织（包括自组织）的维权作用，研究者也有较多论述。李尚旗以利益表达为研究视角，论述了利益表达过程中农民工非政府组织的主要作用[①]。郭志全指出，民间组织在农民工维权中应发挥事前预防、事中盯防、事后消防的作用[②]。在相关研究中，傅宝第等人的概括较为全面，即农民工非政府组织发挥着解决农民工与企业的关系问题的经济功能、解决农民工与企业的摩擦与纠纷问题的法律功能、解决农民工与企业长期的契约保持问题的文化功能、培育组织力量和会员利益的自觉维护意识的政治功能和加强农民工与社会各阶层的沟通与联系的社会功能[③]。

（三）关于组织行动策略的研究

为了保障自身的生存，拥有特殊身份的农民工非政府组织

---

① 李尚旗．非政府组织的生存困境及其建设路径——以利益表达为研究视角［J］．北京工业大学学报，2010（4）：6－11.

② 郭志全．浅析民间组织在农民工维权中的作用［J］．安徽农业大学学报（社会科学版），2009（5）：12－15.

③ 傅宝第，马骏，李军岩．寻找农民工自组织的维权途径［J］．理论界，2005（6）：36－37.

不得不采取特殊的行动策略，尤其在处理与政府的关系上更显得小心翼翼。有研究者通过对珠江三角洲的农民工非政府组织调查发现，为了获得政府的承认，其采取的行动策略主要有：在政治意识形态和维权理念上，符合正确的政治方向；在合法性与正当性上，建立为农民工维权和为政府分忧、帮助政府化解冲突的双重正当性，并且主动将信息披露给政府；在关系与防火墙上，制造某种国家权威支持与认可的景象，由此为自己赢得较好的生存环境①。何艳玲等人的研究认为，农民工非政府组织面对不同类型的组织，采取不同性质的行动策略，主要表现为：拒绝——与本地同类组织不愿合作；避免——与政府有关部门不敢合作，但组织发展方向上与政府大方针更靠近；默许——与研究机构和媒体可以合作②。近几年来工作开展得如火如荼的浙江省乐清市的“霍邱之家”是以流动党支部成立为契机，伴随着政府支持的特定组织及其一项项服务管理功能的叠加，最终整合成长起来，并且其工作取得了良好的效果③。

近年来随着社会治理概念的提出，农民工非政府组织的行动也呈现出新的策略。方巍通过对“新杭州人志愿服务站”的研究，提出协同治理视角下的非政府组织转型研究，即传统的农民工草根组织通过转型，实现政府部门与草根组织在共同的目标指引下，通过资源互补、相互妥协，达到协同合作的结

---

① 和经纬，黄培茹，黄慧．在资源与制度之间：农民工草根 NGO 的生存策略——以珠江三角农民工维权 NGO 为例［J］．社会，2009（6）：1－21.

② 何艳玲，周晓锋，张鹏举．边缘草根组织的行动策略及其解释［J］．公共管理学报，2009（1）：48－54.

③ 谢安民．农民工组织发展的政治嵌入——以浙江乐清市“霍邱之家”为例［J］．中共浙江省委党校学报，2014（1）：27－34.

果。当然这种协同协作还是比较初步的，还没有达到委托—代理的程度，也没有发展到双方平等、独立共建的协同程度①。

从大部分的研究中不难发现，多数农民工非政府组织都意识到政府支持的重要性，他们以各种方式规避制度的约束，或者主动接近政府，或者使用多种策略补充合法性，以此向政府表示善意，也为自身的发展赢得了良好的空间。

（四）关于组织困难和发展建议的研究

虽然农民工非政府组织在农民工权益维护上起到了诸多作用，在行动策略上也努力向政府靠近，但自身仍然处于很大的发展困境。从现有的研究来看，主要体现在三个方面：

一是组织身份合法性缺失。涉及三种类型，首先是法律合法性缺失。国家对民间组织实行由登记机关和业务主管机关双重管理的制度，但是现实中农民工非政府组织很难找到为其承担责任的业务主管单位，因此很多组织不得不选择工商登记或者不登记的策略。其次是政治合法性缺失。许多体制内的组织如工会、妇联等，对待农民工非政府组织的态度还表现为疑虑和不信任。最后是民间合法性不稳定。目前农民工非政府组织还处在发展阶段，总体社会公信度和认同度并不高②。

二是组织资源匮乏。这主要表现在两个方面，首先是资金来源不足。比如有研究者通过对“小小鸟”组织的个案研究，认为该组织不能因为自己存在的正当性而获得体制上的合法

---

① 方巍．从草根组织到工会志愿服务站——协同治理视角下的 NGO 转型研究［J］．社会科学，2016（3）：84－91.

② 姜涛，孙玉娟．非政府组织（NGO）对农民工维权的影响与制约［J］．南京农业大学学报（社会科学版），2008（1）：14－19.

性，因此也无法获得政府的资金。其次是人力资源匮乏。研究者通过对南方一些农民工非政府组织的研究，认为这些组织人才缺乏较为普遍，不仅人力不足，更表现在专职人员缺乏专业知识和技术方面上①。

三是政府支持不足。一方面，地方政府希望把农民工维权活动纳入自己的掌控范围内，通过主动出击，希望扭转外界对地方政府屈服于 GDP 而罔顾劳工权益的批评；另一方面，在外来人口高密度的社区培育草根组织，对化解社会冲突，保持政府所期待的稳定至关重要②。但是，由于农民工非政府组织自身的性质和地方政府出于利益的考虑，政府对其态度比较模糊，实质性的支持仍然很少。

基于当前研究，这方面主要有四种基本建议：一是希望政府给予更多支持。胡洪彬认为政府应该加强对农民工非政府组织的宏观引导和微观扶持，并且提供经济支持③；靳潇慧等提出政府应该降低对非政府组织的门槛④。二是开辟多元化的筹资渠道。除了政府的资金支持，还可以通过国外捐赠的途径获得资金，或者建立援助农民工基金会等。三是加强与其他组织的合作，扩建农民工支持网络，获得更多资源。四是重视团队建设，

① 邓雅莉，王金红．中国 NGO 生存与发展的制约因素［J］．社会学研究，2004（2）：89－97.

② 和经纬，黄培茹，黄慧．在资源与制度之间：农民工草根 NGO 的生存策略——以珠江三角农民工维权 NGO 为例［J］．社会，2009（6）：1－21.

③ 胡洪彬．农民工 NGO：现实意义与发展策略［J］．中国青年研究，2009（2）：37－42.

④ 靳潇慧，任洁．农民工 NGO 发展现状对策研究［J］．现代商贸工业，2009（20）：119－120.

对组织员工进行培训，并从农民工中招收组织的工作人员①。

二、农民工加入工会组织研究

如果说农民工非政府组织维权尚面临各种阻力，那么农民工加入工会维权则是多方支持。自 2003 年“孙志刚事件”后，中华全国总工会将农民工界定为我国工人阶级的新成员和重要组成部分，很多学者都提出要将农民工纳入工会，实行组织维权，认为这是落实党和国家全心全意依靠工人阶级的重要措施。在短短一个多月的时间，便有 3400 多万农民工加入了数以百计的大大小小的城镇工会组织。2004 年，中华全国总工会确立了“组织起来，切实维权”的工会工作方针；2006 年，全国总工会提出要吸收 600 万农民工成为会员；2007 年，中华全国总工会统计的数字显示，农民工会员已超过 6000 万；2008 年，在中华全国总工会第十五次代表大会的 1800 名与会代表中，有工人代表 85 名，其中 47 名是农民工。② 短短几年，工会为农民工维权的工作就开展得如火如荼。这方面的研究和论述很多，主要集中在工会维权的现实依据、工会组建方式、工会维权效果、工会维权局限和解决对策等方面。

（一）关于工会维权必然性的研究

首先，从社会大环境来看，农民工权益受损已是不争的事实，个体维权势单力薄，且成本高，维权效果不佳，农民工非

---

① 李尚旗．非政府组织的生存困境及其建设路径——以利益表达为研究视角［J］．北京工业大学学报，2010（4）：6－11.

② 转引自于欣华．工会在维护农民工劳动权益中的问题思考——基于西安地区实证调研数据的分析［J］．未来与发展，2012（10）：97－102.

政府组织则面临身份合法性等诸多问题，因此加入工会成为农民工维权的最佳选择。其次，从工会自身性质看，《工会法》第二条规定："工会是职工自愿结合的工人阶级的群众组织，中华全国总工会及其各工会组织代表职工的利益，依法维护职工的合法权益。"工会本质上就是工人阶级的代表组织，维护工人合法权益是其天职所在。《工会法》第三条规定："在中国境内的企业、事业单位、机关中以工资收入为主要生活来源的体力劳动者和脑力劳动者，不分民族、种族、性别、职业、宗教信仰、教育程度，都有依法参加和组织工会的权利。"农民工在法律上也具备加入工会的条件。工会可以利用自身的特殊地位上传下达，表达农民工的基本诉求，并且推动相关政策的出台。李尚旗认为，工会作为农民工利益表达的组织，可以起到社会矛盾制度化解决、发挥维护社会稳定的"安全阀"、维护农民工合法权益的正向作用①。左权也提出工会是劳资冲突的"防火墙"和"安全网"②。从经济学的角度看，程蹊等人提出，工会维权有利于节约交易成本和政府管理成本③。可以说，农民工加入工会进行维权是一种必然的趋势。

（二）关于工会组建形式的研究

总体而言，农民工工会的组建有官方和民间两股力量。从官方组建来看，学界目前的研究主要分为源头建会模式、项目

---

① 李尚旗. 工会：农民工利益表达的组织选择［J］. 北京工业大学学报（社会科学版），2009（2）：14－18.

② 左权. 非公有制企业工会维护农民工权益的困境与出路——基于法视角的分析［J］. 南京审计学院学报，2012（2）：92－99.

③ 程蹊，陈全功. 农民工维权组织的建立和作用效率的经济学分析——兼论工会的改革走向［J］. 工会论坛，2005（1）：6－8.

建会模式和广覆盖模式。源头建会模式即农民工加入自己家乡所在地的工会，当地工会在开展维权服务的同时，积极帮助外出农民工解决土地、子女、老人等问题，河南信阳、山东聊城、山西平遥等地区主要采取此类建会模式[①]。项目建会模式主要用于农民工最集中的建筑行业，建设部门对组建工会作了一些规定，主要规定了在劳务资质审批程序中，组建工会后才予以批准，没有工会的不予审批[②]。这种方式保障了绝大部分农民工能够加入工会，获得利益保障。广覆盖模式即筹建楼宇、街道、社区、乡镇和村级工会，建立完善的组织网络，吸纳零散的农民工入会[③]。2008 年 6 月，浙江省东阳市建立了全国首个农民工租住地工会即杨家村农民工租住地工会[④]，在农民工居住较为密集的地方建立工会，让农民工精英参与社区日常管理，这也可以看作广覆盖模式的典型代表。

以上三种模式都由地方工会牵头领导，建会模式比较正式。当然，除了这种正式工会，还存在部分民间工会，这类工会或由同乡会转型，或由地方工会吸收民间组织力量，或由企业雇主领导。卢建锋等人将这类民间工会总结为“义乌模式”“鲁园模式”和“广东模式”[⑤]。“义乌模式”主要是在义乌市总工会的领导

---

① 吴亚平．对农民工“组织起来、切实维权”实现形式的探讨［J］．中国劳动关系学院学报，2006（1）：17－21.

② 吴丽萍．农民工加入工会组织的制约因素及完善［J］．兰州学刊，2010（1）：72－76＋89.

③ 吴亚平．对农民工“组织起来、切实维权”实现形式的探讨［J］．中国劳动关系学院学报，2006（1）：17－21.

④ 徐建丽．浙江非公企业劳资矛盾与工会调节作用研究——基于农民工租住地工会的实证研究［J］．浙江社会科学，2012（3）：135－140＋160.

⑤ 卢建锋，张艳．农民工工会的外部人控制［J］．中国农村经济，2011（11）：74－81.

下，将带有黑社会性质的农民工维权实体纳入法制化轨道上来，更有效地吸纳农民工自发的原生组织在社会转型中通过创新维权模式实现了自身的转型[①]。“鲁园模式”即由沈阳市总工会牵头，农民工自主选举工会领导，会员免缴会费的专属农民工工会组织。“广东模式”即“老板工会”，工会主席是企业的主要管理人员、股东或老板的亲戚，这种工会实际上受制于老板[②]。

（三）关于工会维权局限和发展建议的研究

虽然当前多种策略号召农民工入会，但加入工会所带来的维权效果并不十分理想，其影响因素大致涉及两个方面。

一是工会方面，有人认为工会对农民工的组织是出于管理而非维权的目的，例如陈建胜、刘志军认为，通过工会这种正式制度安排，国家可以更好地管理农民工，以防止农民工成立或者加入各种其他脱离政府的不可控性的组织[③]。傅宝第等人的研究也表达了类似的观点。出于管理的目的，工会就不会把过多的精力放在农民工权利的维护上。就工会本身而言，企业工会对企业是有依附性的[④]。徐建丽认为，企业工会对企业和政府具有很强的依附性，缺乏独立性，因此不能很好地代表农

---

① 吴丽萍．农民工加入工会组织的制约因素及完善［J］．兰州学刊，2010（1）：72－76＋89.

② 卢建锋，张艳．农民工工会的外部人控制［J］．中国农村经济，2011（11）：74－81.

③ 陈建胜，刘志军．加入工会抑或成立自组织——关于农民工组织权的思考［J］．人文杂志，2010（5）：147－154.

④ 傅宝第，马骏，李军岩．寻找农民工自组织的维权途径［J］．理论界，2005（6）：36－37.

民工的利益与企业谈判[①]。

二是农民工方面，农民工的流动性对维权工作有不利影响。袁志刚认为，农民工就业流动性强的特点在一定程度上削弱了工会维权作用的发挥[②]，因此即使工会想帮农民工维权，也显得力不从心。此外，徐建丽认为农民工对工会缺乏认同感，一方面，农民工离开家乡，缺乏基于业缘基础的工会认同；另一方面，工会的维权效果也降低了农民工对它的认同度[③]。

针对工会的维权局限，学界也提出诸多建议，主要集中在如下方面：在国家政策方面，应该建立健全相关法律制度，同时完善农民工经费的保障机制[④]。在工会自身方面，要保持工会在组织和活动上的独立性，将为职工维权作为其首要任务[⑤]，同时，根据农民工的特殊需求，因地制宜地创新工会的组建形式[⑥]。在农民工方面，要提升对工会作为其利益表达组织的正确认识[⑦]，积极加入工会，并利用工会维护自身权益。

基于上述研究，很多研究者也对农民工的权益维护提出各

---

① 徐建丽．农民工自力维权组织与工会引导［J］．中国劳动关系学院学报，2011（5）：43－46.

② 袁志刚．如何利用工会组织维护农民工权益［J］．商业时代，2006（13）：11＋15.

③ 徐建丽．农民工自力维权组织与工会引导［J］．中国劳动关系学院学报，2011（5）：43－46.

④ 吴丽萍．农民工加入工会组织的制约因素及完善［J］．兰州学刊，2010（1）：72－76＋89.

⑤ 李尚旗．工会：农民工利益表达的组织选择［J］．北京工业大学学报（社会科学版），2009（2）：14－18.

⑥ 杨红朝．论农民工权益的工会保护［J］．行政论坛，2012（2）：82－86.

⑦ 李尚旗．工会：农民工利益表达的组织选择［J］．北京工业大学学报（社会科学版），2009（2）：14－18.

种设想，但基本思路较为一致，即建立起政府、市场和民间三方的信任机制，实行以政府主导、市场参与、非政府组织辅助的模式①。具体涉及三个方面：第一，事前预防，应以政府为主导，加大对农民工权益侵害的惩治力度，农民工非政府组织则发挥监督功能，提高农民工的主体意识；第二，健全事后补救措施，为农民工非政府组织等社会力量提供法律援助；第三，对于工会等组织应该和农民工非政府组织区分工作重点，工会发挥其政策建议功能，推动相关利益出台，农民工非政府组织则承担微观社会管理责任②。

此外，就农民工自身而言，上海 SNS 企业工人的“抗战”也为其维权提供了新的思路。上海 SNS 企业的工人在实践中利用规则为自己创造有利条件，自我组织起来；在诉求中，选择采取“非对抗性”“非政治”手段，一方面利用集体事件的效果对地方政府形成一定的压力，另一方面遵守法纪，“不越界”，但又不诉诸法律程序，而是寻求地方政府的支持，运用政府的行政资源解决劳资冲突，致使维权取得了良好的效果③。因此，如何运用准确维权的方式和手段，并且把握合适的“度”是农民工及其组织在维权中需要思考的问题。

---

① 姜涛，孙玉娟．非政府组织（NGO）对农民工维权的影响与制约［J］．南京农业大学学报（社会科学版），2008（1）：14－19.

② 岳经纶，屈恒．非政府组织与农民工权益的维护［J］．中山大学学报，2007（3）：80－85＋127.

③ 吴同，文军．自我组织与遵纪守法：工人依法维权的集体行动策略——以上海 SNS 企业工人抗争为例［J］．社会，2010（5）：121－141.

第二章

农民工权益维护与公共服务的政策发展

社会政策是指以公正为理念依据，以解决社会问题、保障社会成员的基本权利、改善社会环境、增进社会的整体福利为主要目的，以国家的立法和行政干预为主要途径（但不是唯一途径）而制定和实施的一系列行为准则、法令和条例的总称[①]。社会政策主要关注的是社会效益，如何能够体现公平正义、如何能够实现最大多数人的最大利益[②]。农民工群体的基本权益与公共服务的发展，集中体现在与农民工相关的社会政策的变化和发展上。针对农民工的相关政策最初源于对农民流动的关注，背后的实质是城乡社会的资源分配问题。目前已有不少研究者对农民工政策的发展变化进行了划分，比如徐永新的从严格限制到允许流动、从控制盲目流动到规范流动和公平流动三阶段划分[③]；胡鞍钢的红灯、黄灯和绿灯三阶段等。本章主要梳理国家关于人口流动的政策、农民工随迁子女教育政策和农民工社会保障政策三个方面，来呈现农民工权益维护和公共服务状况的历史发展。

---

① 吴忠民．从平均到公正：中国社会政策的演进［J］．社会学研究，2004（1）：75－89.

② 李强．推进社会学的“社会政策学科”建设［J］．社会学研究，2019（4）：1－9.

③ 徐永新．我国农民工政策的演变及未来走向［J］．河南社会科学，2005（4）：91－93.

第一节 人口流动政策的发展演进

一、迁徙自由到流动限制阶段

1953 年 4 月，政务院颁布的《关于劝阻农民盲目流入城市的指示》第一次以政府文件的形式阻止农民进城，要求对流入城市的农村劳动力实行计划管理。① 在此之前，我国在《共同纲领》《城市户口管理暂行条例》等文件中一直强调居民居住迁徙自由、保障人民迁徙自由等基本权利。1954 年颁布的第一部宪法中也提及公民居住、迁徙自由。但在实践过程中，自 1953 年之后，我国在人口流动、人口迁移政策方面就开始慢慢收紧限度。

1953 年 10 月，中共中央颁布《关于粮食统购统销的决议》，开始实行粮食统销统购政策。11 月颁布《关于实行粮食计划收购与计划供应的命令》，将米、油等列入计划经济范畴。1955 年颁布《农村粮食统购统销暂行办法》《关于市镇粮食定量供应暂行办法》，要求农民迁居外地需办理粮食供应转移手续。这一系列政策的颁布，为后来城乡二元格局的形成奠定了基础。

1955 年，另一部文件《关于城乡划分标准的规定》中提到："由于城市人民同乡村人民的经济条件和生活方式都不同，政府的各项工作，都应当对城市和乡村有所区别，城乡人口也要分别计算"。通过一系列标准，明确区分了城镇居民和

① 侯亚非，张展新．流动人口的城市融入：个人、家庭、社区透视和制度变迁研究［M］．社会科学文献出版社，2010：128.

乡村居民。

1956 年，国务院发布《关于防止农村人口盲目外流的指示》。1957 年发布四部文件强调防止农村人口盲目外流问题，自此我国进入全面控制人口迁移的时期。1958 年，《中华人民共和国户口登记条例》规定，“公民由农村迁往城市，必须持有城市劳动部门的录用证明，学校的录取证明，或者城市户口登记机关的准予迁入的证明，向常住地户口登记机关申请办理迁出手续”。

1975 年，《宪法》修正案中删去了“公民有居住和迁徙的自由”条款。1977 年，《关于处理户口迁移的规定》指明，“从农村迁往市、镇（含矿区、林区等，下同），由农业人口转为非农业人口，从其他市迁往北京、上海、天津三市的，要严加控制”。1981 年，国务院《关于严格控制农村劳动力进城做工和农业人口转非农业人口的通知》不允许城镇集体所有制单位招收农民当职工（包括临时工），城镇的技工学校也不得从农村招生。

户籍制度的确立标志着中国将以户口为核心严格控制农村人口流向城市，尽管在 1977 年开始实施“农转非”政策，但是人口指标的严格控制并未改变户籍制度的基本格局。值得注意的是，在 1958 年之后，我国掀起了“大跃进”的高潮、1959—1961 年经历了三年困难时期和 1966—1976 年的“文化大革命”。在这些历史背景的影响下，上山下乡运动大规模展开，使大量的城市人口开始迁往农村，我国出现了短暂的“逆城市化”现象。直到改革开放之初，知青开始返城，农民离土不离乡等变化，使我国对人口流动的限制逐渐弱化。

二、有序控制人口迁移阶段

1984 年，中共中央《关于一九八四年农村工作的通知》提到："各省、自治区、直辖市可选若干集镇进行试点，允许务工、经商、办服务业的农民自理口粮到集镇落户"。同年，《关于农民进入集镇落户问题的通知》规定，在集镇务工、经商等的农民和家属，在集镇有固定住所、有经营能力，或在乡镇企事业单位长期务工的可准予落常住户口，可发给《自立口粮户口簿》，统计为非农业人口。1985 年，公安部发布《关于城镇暂住人口管理的暂行规定》，暂住人口可通过申请《暂住证》《寄住证》等证明来城镇长期居住，取消了暂住时间期限等规定。

1989 年 3 月，国务院办公厅发布《关于严格控制民工外出的紧急通知》，要求各地政府严格控制民工外出。同年 9 月，国务院《关于严格控制"农转非"过快增长的通知》要求各地区政府严格把关，将"农转非"数量控制在指标之内，缩减"农转非"规模。

1994 年 11 月，国家劳动部发布《农村劳动力跨省流动就业管理暂行规定》，严格控制了用人单位招收农村劳动力的程序。1997 年，劳动部等部门发布的《关于进一步做好组织民工有序流动工作意见的通知》中提到，"我国农村剩余劳动力流向城镇已达数千万人"，"我国正处于经济体制转变和经济结构调整时期，城乡都面临着巨大的就业压力"，"农村大量剩余劳动力还需要寻找新的出路"，各地政府应当"加强劳动力市场建设，把民工流动的管理服务工作纳入经常化、制度化轨道"，"加强领导，把组织民工有序流动工作落到实处"。

从 1984 年到 1997 年这一阶段，我国逐渐出现城乡二元格局缩小的状况。中央提出的自理口粮、《暂住证》、《寄住证》等制度的变更，实际上承认了农民可以进入城市务工并长期居住，并且将制定控制农民工有序流动、在城镇如何就业等相关政策的权利下放给了地方政府，由此因地制宜，地方政府在解决人口流动问题上能够更自主、更深化、更高效。有关农民工“市民化”的政策也自此开始小步伐向前迈进。

三、城乡分割壁垒逐渐打破阶段

2000 年 6 月，中共中央、国务院出台了《关于促进小城镇健康发展的若干意见》，提出鼓励农民进入小城镇，改革小城镇户籍管理制度。从 2000 年开始，满足住所、职业等相关条件的农民即可根据本人意愿转为城镇户口。该意见还提出要积极探索适合小城镇特点的社会保障制度。

2001 年 10 月，国家计划委员会、财政部《关于全面清理整顿外出或外来务工人员收费的通知》规定，“各地要全面清理主要面向外出或外来务工人员的各种收费”，取消了除证书工本费外的其他行政事业性收费，“为进城务工人员提供经营性服务的收费必须符合自愿有偿原则，坚决纠正各种对进城务工人员的强行服务、强制收费行为”。

2002 年 1 月，在《中共中央、国务院关于做好 2002 年农业和农村工作的意见》中，提出了关于农民工问题的十六字政策方针，即“公平对待，合理引导，完善管理，搞好服务”，要求各地区认真清理对农民进城务工的不合理限制和乱收费的现象，纠正简单粗暴清退农民工的做法；积极发展各种劳务中介组织，逐步形成城乡统一的劳动力市场；健全进城务工农民的劳动合同管理，维护他们的合法权益。

2003 年 1 月，国务院办公厅发布《关于做好农民进城务工就业管理和服务工作的通知》，从七个方面阐述了农民工工作的相关要求，包括进一步提高对做好农民进城务工就业管理和服务工作的认识，就业方面取消不合理限制，工资方面切实解决拖欠、克扣的问题，生产生活条件方面逐步改善，子女方面解决上学问题，做好农民工培训工作，加强对农民工的管理等。同年 3 月，在广州发生了湖北黄冈青年孙志刚被误作“三无”人员收容致死的事件，即“孙志刚事件”，引发了社会各界对农民工权益、收容遣送制度的大讨论。6 月 20 日，国务院第 381 号令公布《城市生活无着的流浪乞讨人员救助管理办法》，自 8 月 1 日起施行，1982 年 5 月国务院发布的《城市流浪乞讨人员收容遣送办法》同时废止。

2004 年中央一号文件《关于促进农民增加收入若干政策的意见》出台，明确提出了“进城就业的农民工已经成为产业工人的重要组成部分，为城市创造了财富、提供了税收”。要求地方政府尽快完善、落实政策，保障进城就业农民的合法权益，取消针对农民的不合理收费和歧视性规定，加强对农村劳动力的职业技能培训，推进大中城市户籍制度改革，放宽农民进城就业和定居的条件等。同年 6 月，国家劳动和社会保障部出台《关于农民工参加工伤保险有关问题的通知》，要求各用人单位为建立劳动关系的农民工办理参加工伤保险的手续，各级劳动保障部门也要认真做好工伤认定、劳动能力鉴定等工作，切实保障农民工的合法权益。

2005 年中央一号文件《关于推进社会主义新农村建设的若干意见》强调了工农城乡关系的重要性，提出要为进城务工农民在法律政策咨询、就业指导以及职业介绍等方面提供免费服务，着手建立健全城乡就业公共服务网络；通过逐步建立工资保证金制度、务工农民社会保障制度，完善劳动合同制度，探索适合务工农民特点的大病医疗保障和养老保险办法等方式，从根本上解决农民工工资偏低、拖欠，社会保障欠缺，工伤保险参保率低，职业安全卫生保护不到位等问题，并再次要求认真解决务工农民子女的上学问题。

2006 年 3 月，国务院发布《关于解决农民工问题的若干意见》，提出要积极稳妥解决农民工社会保障问题，其中工伤保险由各用人单位承担，规定用人单位必须及时为农民工办理工伤保险并足额缴纳工伤保险费；医疗保险、农民工进城务工期间住院医疗保障问题，通过各统筹地区建立大病医疗保险统筹基金办法解决，并指出各地可根据实际情况确定缴费率，主要由用人单位缴费；农民工也可自愿参加原户籍的新型农村合作医疗，有条件的地方还可将就业稳定的农民工纳入城镇职工基本医疗保险、养老保险，对已经参加城镇职工基本养老保险的农民工，用人单位要继续为其缴费；农民工养老保险关系异地转移与接续的办法要求各劳动保障部门抓紧制定。要求将农民工纳入城市公共服务体系，保障子女接受教育、改善农民工居住条件等。在就业方面，提出增加农民就业和增收，增加农民在当地的就业机会等。

2007 年 4 月，国务院农民工工作联席会议办公室印发了《国务院农民工工作联席会议 2007 年工作要点》，提出要进一步解决农民工切身利益的突出问题，在建立和完善农民工权益保障的制度和机制上取得新进展，并列出十项工作重点：（1）全面建立工资支付监控和工资保证金等保障工资支付的制度，严格执行最低工资制度，切实改变农民工工资偏低、同工不同酬的状况。(2) 大力推行劳动合同制度，提高农民工劳动合同签订率。(3) 严格执行职业安全卫生制度，进一步落实用人单位履行职业安全卫生的主体责任，增强农民工的安全生产意识和自我保护能力。(4) 完善就业服务和培训制度，建立健全覆盖城乡的公共就业服务体系和职业技能培训体系。(5) 针对农民工的特点完善社会保障制度，积极稳妥地解决农民工突出的工伤、大病等社会保障问题。(6) 强化农民工子女教育管理制度，进一步做好保障农民工同住子女平等接受义务教育和农村留守少年儿童的教育工作。(7) 落实优秀农民工落户制度，有条件地逐步解决长期在城市就业和居住的农民工的户籍问题。(8) 认真执行农村土地承包制度，依法保护农民工土地承包权益。(9) 建立农民工信息统计制度，为农民工管理和服务提供准确、及时的信息。(10) 健全社区管理服务制度，做好农民工的疾病预防和计划生育工作，为农民工提供有效的管理和服务。

21 世纪以来，我国农村劳动力外出打工规模不断突破新高，随着这一群体需求和问题的不断凸显，党和政府对他们的关注也从户籍层面转移到社会保障层面，农民工“市民化”阶段开始逐渐推进。从总体上看，这一阶段基本上每年都会出现重要的政策改进。2003 年，废止《城市流浪乞讨人员收容遣送办法》；2004 年，农民工第一次在官方话语中成为工人阶级的重要组成部分；2005 年，正式废除流动人口就业证制度；2006 年，提出要破除城乡二元分割体制和政策限制；2007 年，号召社会各界积极参加农民转移就业培训，要从农民工中培育一批中高级技工；2008 年，提出要加快探索与现行制度相衔接的农民工养老保险办法，鼓励地方和企业给农民工提供低租金房屋改善其生活条件；2009 年，主要解决养老保险跨社保统筹地区转移接续问题；2010 年，明确加快城镇公共设施建设，推动公共服务均等化，完成农民工的社会保障、住房保障等制度。

四、推进农民工“市民化”阶段

2014 年，李克强总理的《政府工作报告》阐释了以人为核心的新型城镇化，提出要解决“三个 1 亿人”问题。同年 9 月，国务院发布《关于进一步做好为农民工服务工作的意见》，在农民工就业、权益保障、公共服务、社会融合等方面作出了规定，并提出总目标是到 2020 年实现农民工素质显著提高、劳动条件明显改善、工资基本无拖欠并稳定增长、参加社会保险全覆盖、努力实现 1 亿左右农业转移人口和其他常住人口在城镇落户，未落户的也能享受城镇基本公共服务，农民工群体逐步融入城镇，为实现农民工市民化目标打下坚实基础。

2016 年 2 月，国务院印发《关于深入推进新型城镇化建设的若干意见》，指出要积极推进农业转移人口市民化，提到通过户籍制度改革、制定落户方案、实行居住证制度等方式，加快推进农业转移人口的市民化进程。2017 年 1 月，国务院《关于印发“十三五”促进就业规划的通知》也强调，要推进户籍制度改革，使农民工及家属逐步转为城镇居民。同年 10 月，党的十九大报告明确指出，要统筹城乡社会保障体系建设，促进农民工多渠道就业创业，以城市群为主体构建大中小城市和小城镇协调发展的城镇格局，加快农业转移人口市民化。特别是在党的十九大报告中，对我国社会主要矛盾作出了重大新判断，即我国社会主要矛盾已经转化为人民日益增长的美好生活需要和不平衡不充分的发展之间的矛盾，成为指导新时代农民工维权和服务工作的重要思想和理论基础。

五、小结

保障农民工权益、提供公平的公共服务、促进农民工的市民化，是我国经济社会发展的必然要求。通过梳理人口流动相关政策的演进，可以看出党和国家在农民工社会政策的制定方面，经历了治理理念和思路的巨大变化。在计划经济时期，国家在经济社会发展上突出整体利益，社会政策强调集体性，单位制等体制的存在使个人完全附属于社会和集体，政策基调注重城市的发展。到改革开放后，国家政策开始向农村和城市协同发展的方向转移，产生了从严格控制人口流动到城市为农民工谋出路的理念转变，使社会成员逐渐成为社会政策真正服务的对象。进入 21 世纪以来，国家政策开始追求公平公正，城市政府将农民工纳入社会保障政策范围之内，推进农民工走上市民化之路。当然，农民工问题的解决并不会一蹴而就，城乡协调发展还需要依赖国家政策的持续完善。在以人为本、改善民生的执政理念下，未来农民工所面临的众多问题，有望逐步得到改善。

第二节　农民工随迁子女在流入城市受教育政策的发展变化

20 世纪 90 年代以来，原本绝大多数以“单身外出”的方式进入城市务工经商的农民工，逐渐开始转向以家庭为单位的流动方式。在 2014 年全国农民工监测调查报告中，有一组关于举家外出农民工的数据：2010 年举家外出的农民工是 3071 万人，2011 年是 3279 万人，2012 年是 3375 万人，2013 年是 3525 万人，2014 年是 3578 万人①。由此可见，农民工以家庭为单位迁入城市的数量在逐年上升。与此相对应，城市社会中农民工随迁子女的规模也急剧增加。根据 2010 年国家第六次人口普查的资料来看，0～17 周岁的流动儿童规模为 3581 万。其中，0～14 周岁的流动儿童规模为 2291 万。这些流动儿童大多来自农村，在 0～17 周岁的流动儿童中，户口性质为农村户口的流动儿童占 80.35%，非农业户口只占 19.65%②。具有农业户口的 0～17 周岁的农民工随迁子女，“六普”时的数量也达到 2877 万人。从教育部于 2018 年 8 月发布的 2017 年教育统计数据来看，2017 年义务教育阶段随迁子女和农村留守儿童数量分别为 1897.45 万人和 1550.55 万人，合计 3448 万人；2017 年义务教育阶段随迁子女数量为 1897.45 万人，近 5 年增加了 283.86 万人，增幅为 17.6%；其中进城务工人员随迁子女数量为 1406.63 万人，近 5 年增加了 129.47 万人，增幅为 10.14%。③

规模庞大的农民工随迁子女成为我国新生的流动大军，他

---

① 2014 年全国农民工监测调查报告［EB/OL］. 国家统计局网站，http：//www.stats.gov.cn/tjsj/zxfb/201504/t20150429_797821.html.

② 段成荣，吕利丹，王宗萍，郭静. 我国流动儿童生存和发展：问题与对策——基于 2010 年第六次全国人口普查数据的分析［J］. 南方人口，2013（4）：44－55＋80.

③ 中国有多少流动儿童和留守儿童？［EB/OL］. 转自澎湃网，https：//www.thepaper.cn/newsDetail_forward_2351776.

们在城市的生活状况、社会融入，包括身心健康、教育衔接、未来发展等，直到20世纪90年代才逐渐引起政府和学术界的关注。1992年出台的《中华人民共和国义务教育法实施细则》，首次提及农民工随迁子女在居住地申请借读的问题，随后，国家和地方政府就农民工随迁子女的义务教育陆续出台了一系列政策，以解决其教育方面的难题。

一、初期政策探索

1992年3月14日颁布的《中华人民共和国义务教育法实施细则》中，第十四条规定："适龄儿童、少年到非户籍所在地接受义务教育的，经户籍所在地的县级教育主管部门或者乡级人民政府批准，可以按照居住地人民政府的有关规定申请借读。借读的适龄儿童、少年接受义务教育的年限，以其户籍所在地的规定为准。"这项最早涉及农民工随迁子女义务教育的政策，也成为流入地学校向随迁子女收取借读费的由来。

1996年4月，原国家教委颁布《城镇流动人口中适龄儿童、少年就学办法（试行）》，是专门就流动儿童教育问题颁布的政策文件。文件规定"父母或者其他监护人持流入地暂住证，向流入地住所附近中小学提出申请，经学校同意后即可入学"，并且在解决方法上体现出了较为宽松、非强制的态度，相关表述涉及"创造条件""可接受非正规教育"等。

1998年3月，原国家教委、公安部颁布《流动儿童少年就学暂行办法》，第二条明确了办法中涉及的"流动儿童"是指"6至14周岁（或7至15周岁），随父母或其他监护人在流入地暂时居住半年以上有学习能力的儿童少年"。同时，办法也明确了农民工随迁子女"可在城市接受义务教育"的基本权利。该办法基本延续了1996年政策文本的相关内容，对流入地学校收取借读费等问题作了更清晰的规定，第十一条提到“招收流动儿童少年就学的全日制公办中小学，可依国家有关规定按学期收取借读费。借读费标准按国家教育委员会、国家计划委员会、财政部联合颁发的《义务教育学校收费管理暂行办法》执行”，第十二条提到“专门招收流动儿童少年的学校、简易学校和全日制公办中小学附属教学班（组）收费项目和标准按国务院发布的《社会力量办学条例》中的有关规定执行”。

这一时期的政策，突破了农民工随迁子女教育政策为零的状况。农民工随迁子女入校方式主要分为公办学校的入校借读、民办简易学校就读两种。在政策导向上，仍然表现为限制为主，没有以平等的方式去对待农民工随迁子女，而是作出了“借读以及借读费”的相关规定。

二、“两为主”政策下教育平等化发展

2001年3月，《国民经济和社会发展第十个五年计划纲要》强调教育均衡发展的理念，提出要打破城乡分割体制、改革户籍制度，取消对人口流动的不合理限制等。关于农民工随迁子女教育政策导向也相应发生了改变，逐步突出了对平等教育权的重视。

2001年5月29日，国务院颁发《关于基础教育改革与发展的决定》，明确强调要重视解决流动人口子女接受义务教育问题，并第一次提出了“两为主”的政策，即“以流入地区政府管理为主，以全日制公办中小学为主”，通过采取多种形式，依法保障流动人口子女接受义务教育的权利。在此基础

上，逐渐形成了以地方政府管理为主的发展趋势，落实了农民工随迁子女接受教育权利的责任主体。国家对农民工随迁子女教育问题的紧迫性已经有较充分的认识，但解决问题的责任主体仍然是地方政府。

2002 年 8 月，教育部召开《以“三个代表”重要思想为指导，坚持“两个为主”，做好进城务工就业农民子女接受义务教育工作》的专门会议，讨论农民工随迁子女接受义务教育的相关问题。会上谈到大多数简易学校、打工子弟学校集中在农民工居住地且收费较低，很受农民工子女欢迎，但是在办学条件、师资队伍等硬性条件方面无法满足基本的要求。会议提出，“为进城农民工子女提供义务教育是各级政府的责任，无论哪种形式的简易学校，都需要予以规范。各地要抓紧制定并公布简易学校的办学标准和审批办法”，并要求安排一部分城市教育附加费，意在从地方财政的角度来支持农民工随迁子女的义务教育。

2003 年 9 月，国务院发布了《关于进一步加强农村教育工作的决定》，再次强调了“两为主”的政策方针，用词由 2001 年的“流动人口子女义务教育问题”转化为“进城务工就业农民子女接受义务教育”，表述及定位更加精确，这也是国家政策首次将焦点对准农民工子女。与此同时，国务院办公厅转发了教育部等六部门制定的《关于进一步做好进城务工就业农民子女义务教育工作的意见》，要求各地认真贯彻执行，这是中央政府首次针对“进城务工就业农民子女义务教育问题”的专门性文件。文件强调了做好进城务工就业农民子女义务教育的重要性，再次重申“两为主”政策，对各地政府提出“使进城务工就业农民子女受教育环境得到明显改善，九年义务教育普及程度达到当地水平”“在评优奖励、入队入团、课外活动等方面，学校要做到进城务工就业农民子女与城市学生一视同仁”“流入地政府要制订进城务工就业农民子女接受义务教育的收费标准，减免有关费用，做到收费与当地学生一视同仁”“全日制公办中小学要充分挖掘潜力，尽可能多地接收进城务工就业农民工子女就学”等要求。对流出地政府提出“建立健全有关制度，做好各项服务工作，禁止在办理转学手续时向学生收取费用。建立并妥善管理好外出学生的学籍档案”等要求。

2003 年 12 月 25 日，财政部等五部委发布了《关于将农民工管理等有关经费纳入财政预算支出范围有关问题的通知》，其中涉及进城务工就业农民子女义务教育的经费问题，指出各地政府要切实减轻进城务工就业农民子女教育费用的负担，做到收费与当地学生一视同仁。随后在 2004 年初，财政部明确指出：“今后在城市中小学就学的农民工子女，负担的学校收费项目和标准将与当地学生一视同仁，不再收取借读费、择校费或要求农民工捐资助学及摊派其他费用。”

2006 年 3 月 28 日国务院发布的《关于解决农民工问题的若干意见》中，将“保障农民工子女平等接受义务教育”作为为农民工提供的一项重要的公共服务项目，并提到相关教育经费问题，指出输入地政府要将农民工子女义务教育列入教育经费预算；对承担农民工子女义务教育的民办学校，要在办学经费、师资培训等方面给予支持和指导，提高办学质量。同年 9 月 1 日，修订后的《中华人民共和国义务教育法》指出，“当地人民政府应为适龄儿童提供平等接受义务教育的条件。具体办法由省、自治区、直辖市规定”。义务教育法的修订为农民工随迁子女接受义务教育的平等权利提供了法律支持，确立了农民工随迁子女义务教育发展的基本方向。

2007 年 3 月，温家宝总理在第十届全国人大第五次会议上所作的《政府工作报告》中，提出要“继续解决好农民工子女接受义务教育的问题”。随后，在党的十七大报告中，关注对象的范围有所扩大，提出了“要保障外来务工人员子女平等接受义务教育”。

2008 年 3 月，温家宝总理在第十一届人大第一次会议上所作的《政府工作报告》中也提出要“认真落实保障经济困难家庭、进城务工人员子女平等接受义务教育的措施”，在前期试点的基础上，开始全面免除城市义务教育学杂费，推动义务教育的均衡发展。同年 8 月 12 日，国务院发布《关于做好免除城市义务教育阶段学生学杂费工作的通知》，明确规定从 2008 年秋季学期开始，全部免除城市义务教育阶段公办学校学生的学杂费。在农民工随迁子女接受义务教育方面重申了“两为主”政策的实施，并首次对符合当地政府规定接受条件的进城务工人员随迁子女提出“不收借读费”的规定。随后，财政部和国家发展改革委发出《关于公布取消和停止征收 100 项行政事业性收费项目的通知》，规定自 2009 年 1 月 1 日起取消义务教育借读费。从此以后，我国农民工随迁子女义务教育明显改善，财政方面也得到了中央财政的支持。

三、升学政策探索

随着流动儿童数量的快速增长，特别是他们在流入城市完成义务教育之后，初中毕业后的升学问题就凸显出来。根据 2010 年“六普”数据的测算，在 0～17 周岁农村流向城市的儿童中，0～5 周岁的学龄前儿童人数为 981 万，占比为 27.40%；6～11 周岁的小学阶段儿童人数为 999 万，占比为 27.89%；12～14 周岁的初中阶段儿童为 473 万，占比为 13.21%；大龄流动儿童（15～17 周岁）为 1128 万，占流动儿童的比例为 31.51%。相比 2005 年，不同年龄段的儿童人数均表现出快速增加的趋势，尤以大龄流动儿童为最。[①] 一方面，目前正处在义务教育阶段的流动儿童，将逐渐面临初中毕业后的升学难题；另一方面，大量 15～17 周岁的流动儿童，面对继续教育和职业选择的困境。

2010 年 5 月 5 日由国务院常务会议审议通过，于 7 月 29 日由中共中央和国务院正式发布的《国家中长期教育改革和发展规划纲要（2010—2020 年）》中，再次强调“两为主”政策，并提出“确保进城务工人员随迁子女平等接受义务教育，研究制定进城务工人员随迁子女接受义务教育后在当地参加升学考试的办法”，首次从国家层面明确提出探索随迁子女就地升学的任务。同年 5 月 24 日，教育部办公厅也发出《关于做好初中毕业升学考试报名工作的通知》，提出要“依法落实和保障每一个学生接受义务教育和参加初中毕业、升学考试的权利”。自此开始，从国家层面已经准许农民工随迁子女在异地参加中考。

2012 年 8 月，教育部、发展改革委等部门颁布《关于做好进城务工人员随迁子女接受义务教育后在当地参加升学考试工作的意见》，要求各省份原则上在本年底前出台相关方案。

① 全国妇联课题组．我国农村留守儿童、城乡流动儿童状况研究报告［EB/OL］．中国网新闻中心，http：//news. china. com. cn/txt/2013 - 05/18/content_28862083. html.

但是各地出台的政策差异较大，大都设置了一定的报考条件。例如，参加中考需要提供暂住证、父母务工证明等材料，少部分地区如北京、天津等地，面向随迁子女只开放职业学校等。同年9月，国务院印发《关于深入推进义务教育均衡发展的意见》，重申“两为主”政策，并首次提出“在公办学校不能满足需要的情况下，可采取政府购买服务等方式保障进城务工人员随迁子女在依法举办的民办学校接受义务教育”。

关于农民工随迁子女的高考政策问题，2010年3月教育部在《2010年普通高等学校招生工作规定》中提出以户籍为主的报考要求，外来务工人员随迁子女基本上无法在当地参加高考。

2014年9月，国务院印发《关于进一步做好为农民工服务工作的意见》，提出“输入地政府要将符合规定条件的农民工随迁子女教育纳入教育发展规划，……完善和落实好符合条件的农民工随迁子女接受义务教育后在输入地参加中考、高考的政策”。这一文件在表述上采用“符合条件的农民工随迁子女”，文字表述较为模糊，针对性不强，实际上并没有对地方政府规定明确的责任义务。

2015年11月，国务院印发《关于进一步完善城乡义务教育经费保障机制的通知》，规定从2016年开始，“统一城乡义务教育‘两免一补’政策（对城乡义务教育学生免除学杂费、免费提供教科书，对家庭经济困难寄宿生补助生活费）”，“实现‘两免一补’和生均公用经费基准定额资金随学生流动可携带”。该项政策的制定，突破了以往关于农民工随迁子女义务教育的财政政策，减轻了农民工随迁子女家庭的经济负担，同时也给地方政府提供了更大的财政激励。

四、小结

农民工随迁子女教育问题是我国工业化、城镇化进程中农民进城务工的伴生现象。由于国家教育体制中“依户籍所在地入学”的规定，导致“入学难”成为农民工随迁子女普遍面临的困难。从上述政策的发展轨迹来看，这一问题逐渐得到各级政府的重视并形成一系列的解决措施，但目前来看也还存在一些问题。

首先，地方政府在落实和执行相关政策中存在一些困难和问题。农民工随迁子女教育政策的制定和执行责任，主要由中央下放给地方政府，由地方政府根据本地区的实际情况出台相应政策。但由于目前多数流入地政府存在统筹管理力度弱、执行力度弱、职责不明确等现象，使农民工随迁子女正常接受教育的权利受到了极大的影响。对于地方政府来说，其一，各地农民工随迁子女统计数据不完整，导致政策制定往往会比较滞后；其二，地方制定的农民工随迁子女教育政策往往将入学方式作为首要考虑的问题，忽略了对简易学校、打工子弟学校的监管和支持，使这些学校的教育质量无法得到有效保障；其三，农民工随迁子女流动性强，各地政府之间没有统一的学籍管理制度，造成学籍管理混乱的状况；其四，部分地方政府往往由于经费等原因，无法及时解决教育资源均衡化问题，严重影响一些学校的办学质量。

其次，家庭困境不容忽视。农民工随迁子女家庭通常存在家长职业不稳定、收入不稳定、受教育程度低等现象，无法为子女提供良好的教育环境。农民工群体在城市社会中较低的社会地位和受排斥感，也会潜移默化地影响他们的子女。此外，由于随迁子女经常随父母在外漂泊，转学、休学等情况时常存在，客观上导致他们中的不少人存在学习基础差、成绩不理想的状况，不利于健康成长。事实上，农民工随迁子女身上也存在着与农民工群体相同的受排斥现象，这种排斥在接受教育之前体现在入学门槛上，在接受教育之后通过接受教育的不平等显现出来。

对于未来城市社会的发展，农民工随迁子女将是最重要的人力资源，其受教育程度的高低也将具有极其重要的经济和社会意义。因此，关注农民工随迁子女的教育问题，并由此关注这些儿童的社会化、社会融入等问题，是当前国家政策必须予以重视的领域。

第三节　农民工社会保障政策的基本演进

从国家关于人口流动、农民工随迁子女义务教育政策的变化发展来看，近些年农民工群体在城镇落户、就业和子女教育方面的权利保护取得了较大进展。除此之外，与农民工市民化进程密切相关的是他们的社会保障问题。能否为农民工群体提供公平有效的社会保障，对于整个国家的工业化和城镇化发展、对于社会的稳定进步都具有十分重要的意义。关于农民工的社会保障政策也是在发展的过程中不断得以改进和完善，但在现实中由于不同地区实际情况差异较大，中央政府也难以制定统一的社会保障政策，导致各地政策存在“碎片化”、实施效果不佳等问题，农民工群体本身也没有对这种保障形成积极的认识，不少农民工在面临风险时还是主要依靠自己去解决。目前关于农民工社会保障政策的选择，大致有四种观点和实践：一是将农民工纳入城市职工的社会保障体系中；二是将农民工纳入农村社会保障体系中；三是为农民工建立独立的社会保障体系；四是针对农民工的群体特点，暂时实行过渡性政策或在现有制度的基础上进行微调。本书主要结合部分具有代表性的城市政策实施情况，以养老保险、医疗保险、失业保险和社会福利政策为例，简要呈现农民工社会保障政策的演进和发展。

一、养老保险政策——以北京市为例

北京市农民工养老保险模式的建立，最初是从城镇职工基本养老保险发展而来的。1993 年 11 月，中共十四届三中全会通过《中共中央关于建立社会主义市场经济体制若干问题的决定》，在保障制度一栏中指出，“城镇职工养老和医疗保险金由单位和个人共同负担，实行社会统筹和个人账户相结合”，“农民养老以家庭保障为主，与社区扶持相结合。有条件的地方，根据农民自愿，也可以实行个人储蓄积累养老保险。发展和完善农村合作医疗制度”。北京市农民工参保缴纳比例是在城镇职工基本养老保险制度的基础上进行了下调，相对降低了养老保险缴费基数与缴费比重，其缴费比例为：单位承担 12%，农民工根据个人实际工资标准承担 4%—8%。[①]

2001 年 8 月，北京市劳动和社会保障局印发《北京市农民工养老保险暂行办法》，对农民工养老保险缴费比例、缴费方式、养老保险保留、终止等内容作出了详细的说明。其中第

① 朱天丰. 农民工养老保险模式研究［D］. 徐州：江苏师范大学硕士论文，2017：24.

七条指出，“用人单位为农民工缴纳养老保险费，原则上应按城镇职工缴纳养老保险费的缴费渠道和缴费方式进行。但对使用农民工较少或使用农民工相对稳定、按月缴纳养老保险费不方便的用人单位，经社会保险经办机构同意，签订协议后，可以选择按季度、半年、一年的方式缴纳养老保险费”。可以看出，北京市采取的保障措施主要是针对农民工的群体特点，暂时实行过渡性政策或对现有制度进行微调，即根据农民工收入低、流动性强等特点，对城镇职工养老保险制度进行了微调，以减轻企业及农民工的资金压力。

2014 年，国务院决定将新型农村社会养老保险和城镇居民养老保险两项制度合并实施，在全国范围内建立统一的城乡居民养老保险。这一决定也为农民工参加社会保障提供了更多选择。2016 年 7 月，北京市人民政府颁布《关于进一步做好为农民工服务工作的实施意见》，强调要着力维护农民工的劳动保障权益，扩大农民工参加城镇职工社会保险覆盖面，依法将与用人单位建立稳定劳动关系的农民工纳入北京市城镇职工基本养老保险、基本医疗保险、生育保险和工伤保险，并提出要完善社会保险关系转移接续政策。

北京市实施的养老保险制度对于农民工群体来说有缴费灵活、一次性领取的特点，一方面降低了农民工的缴费压力和用人单位的成本，另一方面结合了农民工的自身特点，采取与城镇居民按月享受养老金不同的待遇，规定退休金可以一次性领取，保障了农民工群体的现实利益。

二、医疗保险政策——以上海市为例

我国最先实行农民工医疗保险制度的地区是广东，时间是

1994 年。此后，其他农民工主要聚集地如上海在 2002 年、成都在 2003 年、北京在 2004 年、深圳在 2005 年也相继出台了农民工医疗保险的相关政策和文件。[①] 2011 年，《社会保险法》实施之后，为了贯彻和落实这一法案，上海开始实行时长为 5 年过渡期的外来人员综合保险纳入城镇职工医疗保险体系的办法，这一办法的主要受益人群就是农民工群体。在 2011 年 7 月上海市人民政府发布的《关于外来从业人员参加本市城镇职工基本医疗保险若干问题的通知》中，对外来从业人员参加医疗保险的缴费基数、门诊医疗和住院医疗待遇、保险支付范围等相关问题作了详细的规定。其中包括：（1）基本医疗保险缴费基数实行 5 年过渡期。（2）非城镇户籍外来从业人员个人缴纳的基本医疗保险费，全部计入本人的个人医疗账户（门诊专用），2011 年度至 2014 年度（过渡期内），个人按月缴纳的基本医疗保险费低于 30 元的，个人医疗账户计入标准按每月 30 元执行。（3）个人医疗账户（门诊专用）可用于本市医保定点药店购药和本市医保定点医疗机构门急诊就医，用完为止。（4）非城镇户籍外来从业人员暂不享受门诊大病和家庭病床医疗待遇。

这一过渡性政策的出台，虽然意味着上海农民工医疗保险将被纳入上海市城镇职工医疗保险体系中，但是他们与城镇职工所享受的待遇还是有所区别。主要体现在：（1）农民工门急诊就医使用医疗账户资金，用完后不再享受优惠，剩余部分需要农民工自理。城镇职工医疗保险在账户资金支付后，由个

---

① 王舒婷．上海农民工医疗保险研究［D］．上海：复旦大学硕士论文，2012：15.

人支付 1500 元起付线后，再按不同比例承担。（2）农民工无法享受门诊大病待遇。城镇职工可享受符合大病范围内的自负 8% 的医保待遇。（3）外地就医无法享受医保关系转移，发生医药费用时只能报销急诊住院费用。城镇职工可以通过外地医保关系转移备案，享受个人先垫付医药费，后回本地报销的待遇。（4）农民工不参加《上海市基本医疗保险门急诊就医记录册》，即不享受自负医药费累计超过年收入的 30% 的部分可以减免 90% 的政策。城镇职工则可以享受这一惠民政策。

到 2016 年，上海市对农民工参加职工基本医疗保险的政策进行了统一和完善，下发了《上海市人民政府关于外来从业人员参加本市职工基本医疗保险若干问题的通知》，有效期至 2021 年 3 月 31 日，强调与本市用人单位建立劳动关系的外来从业人员，应当参加本市职工基本医疗保险；外来从业人员按照《上海市职工基本医疗保险办法》规定，享受职工基本医疗保险待遇。很明显，上海市农民工医疗保险政策从差异化的过渡形式逐步走向一体化，当然也存在一些不足，比如对有效期的设置，以及由于地方差异，农民工群体在大病医疗、异地就医等方面仍有很多不便。

三、失业保险政策——以北京、广东、江苏为例

农民工群体的职业流动性大、不稳定性强，短工化的现象比较明显，失业风险也相对较大。但针对农民工群体频繁出现的失业问题，并没有形成一个全国统一的失业保险体系。1999 年 1 月，国务院发布并实施的《失业保险条例》在失业保险基金部分提到，“城镇企业事业单位招用的农民合同制工人本人不缴纳失业保险费”。时至今日，这部法案仍然指导着各地

区失业保险制度的建立。目前，我国农民工失业保险制度大致分为三种模式，即北京模式、广东模式和江苏模式。

北京模式的特点主要体现在一次性支付生活补助。1999年北京市劳动局印发《农民合同制职工参加北京市养老、失业保险暂行办法》，对保险基金和保险待遇进行了明确规定，涉及：（1）用人单位暂按上一年本单位全部职工（含农民合同制职工）年平均工资的1%缴纳失业保险费；无法确定上一年工资总额及未实行劳动工资统计的用人单位，按全市上一年职工平均工资的1%缴纳失业保险费。（2）农民合同制职工个人不缴纳失业保险费。（3）农民合同制职工领取的一次性生活补助费，连续缴费每满1年，按照120元的标准发放。连续缴费时间超过12年的，按12年计算。在1999年实施并在2007年修改的《北京市失业保险规定》中，也有相关规定：（1）用人单位招用的农民合同制工人，本人不缴纳失业保险费。（2）用人单位招用的农民合同制工人，劳动合同期满未续订或者提前解除劳动合同的，由社会保险经办机构根据用人单位为其连续缴费的时间，对其支付一次性生活补助，每满1年发给1个月生活补助，最长不得超过12个月。其标准由市劳动保障行政部门会同财政部门提出，报市人民政府批准并公布后执行。2018年6月，北京市人力资源和社会保障局发布《关于调整失业保险金发放标准的通知》，将农民合同制工人一次性生活补助费标准由1128元调整到1372元。总体来看，北京模式的优点是一次性发放生活补助，金额明确，农民工领取方便快捷；缺点是受外界经济环境影响较多，补助标准需频繁调节。

广东模式的特点是缴费年限决定补助金额。2002年施行并于2013年修订的《广东省失业保险条例》的规定有：(1) 失业人员缴费时间1～4年的，每满1年，失业保险金领取期限为1个月；4年以上的，超过4年的部分，每满半年，失业保险金领取期限增加1个月。失业保险金领取期限最长为24个月。(2) 用人单位以应当参加失业保险的职工的缴费工资之和为基数，按照国家和省规定的费率缴纳失业保险费。职工以本人工资为基数，按照国家和省规定的费率缴纳失业保险费。职工缴费工资不得低于失业保险关系所在地级以上市最低工资标准。本人工资高于失业保险关系所在地级以上市上年度在岗职工月平均工资3倍的，以失业保险关系所在地级以上市上年度在岗职工月平均工资的3倍为基数计算缴费。(3) 失业人员在领取失业保险金期间可以领取求职补贴，标准为本人失业前12个月平均缴费工资的15%，不足12个月的，按照实际月数的平均缴费工资计算，领取期限最长不超过6个月。求职补贴随失业保险金按月发放。(4) 失业保险金由社会保险经办机构按照失业保险关系所在地级以上市最低工资标准的80%按月计发，省人民政府根据国家规定，可以结合居民基本生活费用价格指数变动情况，适当调整失业保险金标准。2009年广东省《关于调整失业保险待遇的通知》规定，农民工合同制工人参加失业保险满1年的，按其失业前月平均缴费工资的20%发一次性生活补助，以后每多参加失业保险1个月，加发平均缴费工资的2%。2017年广东省财政厅《关于调整失业保险金标准的通知》规定，从2018年5月1日起，全省失业人员领取失业保险金标准由现行规定最低工资标准的80%，提高到最低工资标准的90%，有效期为5年。概括起来，广东模式的优点是以累计的方式计算一次性生活补助，鼓励农民工长期参保，但缺点是不适用于工作流动性强的农民工。

江苏模式的特点是向城镇职工的失业保险待遇看齐。1999年12月江苏省人民政府下发《关于贯彻实施〈失业保险条例〉有关问题的通知》，就农民工的保险待遇作出规定，即单位招用的农民合同制工人，劳动合同期满未续订或者提前解除劳动合同的，可以依照城镇职工失业后应享受失业保险金标准的三分之二，按原所在单位为其足额缴费的年限，每满1年享受1个月，最长不超过12个月，一次性发给其生活补助费。2006年在《关于贯彻〈省政府贯彻国务院进一步加强就业再就业工作通知的实施意见〉有关失业保险规定的实施办法》中提出，自2006年7月1日起，对本省农村劳动者在城镇单位就业的，实行城乡劳动者统一的失业保险制度。用人单位按使用的城乡劳动者工资总额的2%、劳动者个人按本人工资总额的1%缴纳失业保险费。实行城乡劳动者统一的失业保险制度后，参加失业保险的农村劳动者失业后和城镇劳动者一样享受失业保险待遇。按城镇职工失业保险办法缴纳失业保险费的，享受城镇职工失业保险待遇。但领取一次性生活补助费和按月领取失业保险金的期限累计不超过24个月。2018年12月，江苏省人民政府发布《关于修改〈江苏省失业保险规定〉的决定》，对失业保险金的标准等规定进行了修改。从总体上看，江苏模式的优点是农民工和城镇居民享受相同的待遇补助，有利于促进城乡融合，但缺点在于一定程度上形成了农民工群体的缴费压力。

北京、广东和江苏都属于农民工群体比较聚集的城市，在农民工社会保障政策上较早进行了积极探索，并形成比较完整的体系。当然，由于缺乏统一的规划，我国仍有部分地区在农民工社会保障政策的制定和执行上不够到位，影响到农民工群体的权益实现。

四、农民工社会福利与社会救助政策

社会福利和社会救助政策的运行与政府的财政支持息息相关，这两项福利的享受条件不应涉及就业类型，也不关乎流动与否，理应为全体公民共享。但是在很多地方，农民工群体一般都被排除在福利对象之外。一方面，农民工远离农村居住地，无法便利地享受农村地区实行的贫困补助等政策；另一方面，户籍制度的限制使长期在城镇生活的农民工群体也无法拥有与城镇居民同等的社会救助和福利保障。后者也正是农民工群体在城市容易产生被排斥感、被歧视感的重要原因。

在社会福利方面，虽然农民工的住房问题、随迁子女受教育问题都得到了关注并取得了进展，但总体上还存在不少问题，特别是大城市中农民工随迁子女入学门槛高、住房福利保障缺失的现象比较普遍。不少城市都有大量保障性住房建设，包括廉租房、公租房、经济适用房等，但服务的对象基本都是城镇户籍的低收入人口，较少惠及农民工群体。

在社会救助方面，各个城市所设立的最低生活保障制度通常也只针对拥有城镇户口的居民，农民工未能在基本生活上获得物质帮助的权利。而农村最低生活保障制度对受助者的限定条件更为严格，农民工外出务工后，在农村社区基本已不可能再得到相关救助的支持。

第三章

农民工的维权与服务组织

进入21世纪后，农民工的权益保护问题逐渐受到国家和社会各界的关注和重视。在长期的城市工作生涯中，农民工对自身权益也逐渐有了更加清楚的认识。特别是随着新生代农民工的持续增加，农民工的维权意识明显增强，并希望通过组织手段维护自身的权益。有网络新闻报道称，2013年春节前，十几名来自北京建筑业的外地打工者相聚在一起，代表着常年在北京打工的数百名外省籍建筑工人，希望向北京市建筑业工会申请成立北京市建筑业工人工会。这样的消息，透露出来的是一些进城农民工对自身权益的关注以及希望通过组织方式进行维权的努力，还有农民工群体之外的组织力量也在持续推进他们的组织化进程。这种外部推动主要来自全国各级工会组织。例如，2015年全总办公厅印发《关于开展“农民工入会集中行动”实施方案》，目标就是要积极扩大工会组织覆盖面，最大限度地把农民工组织到工会中来，不断提高农民工组织化程度。此后，农民工入会工作的力度一直得到各级工会的高度重视，有效地推动了农民工的组织化水平。根据全总完成的第八次全国职工队伍状况调查，2017年全国工会会员已达3.03亿人，其中农民工会员1.4亿人，已经占全部农民工的一半左右[①]。

---

① 根据国家统计局2017年农民工监测调查报告的数据，2017年底我国农民工总数达到2.8亿人。

本章将基于调研数据和相关案例，从农民工的不同组织形式来分析其组织化状况。从总体上看，农民工的组织化形式主要包括三种：一是农民工的非正式团体形式，如同乡会等，二是农民工加入工会的组织化形式，三是农民工非政府组织（正式注册的组织）形式。其中，农民工非正式团体和农民工非政府组织可以称为农民工的自组织。

第一节　农民工组织化状况

在我们使用的2012年“中国城镇化与劳动移民研究”调查数据中，共有3212位农民工填答了问卷，根据不同人群比例加权后，农民工的样本数为1943个。调查在抽样过程中是通过绘图列举法来进行的，根据农民工的住房进行抽样，但也涉及城乡接合部地区的个别工厂宿舍，因此受访农民工在职业类型上基本实现了较广的覆盖。我们将职业简化成七个大类。从图3.1可以看到，本次调查的农民工中，职业是“工人”的人数是687人，占1527个有效样本的44.99%；其次是服务人员，人数是313人，比例为20.50%；接下来是个体从业人员（个体户），比例为16.04%。而那些具有一定教育文化程度、社会地位较高的职业，如管理人员（2.88%）、专业技术人员（5.63%）和办事人员（2.29%）的比例都非常低。

本次调查中，我们主要通过了解农民工参与各类社会组织的情况来描述他们的组织化状况。在我国城市社区，对居民参与的讨论通常都会遇到一个普遍的问题，即整体参与程度不高，并且都呈现为老人和儿童参与的“一老一少”的特征。从表3.1的结果来看，最明显的特征就是无论哪个群体，社会

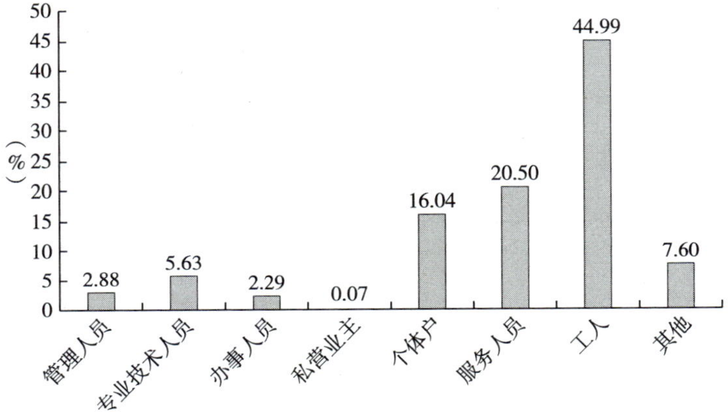

图 3.1　被访农民工的职业分布状况（有效样本 n = 1527）

团体的参与率都非常低。聚焦到农民工群体，组织参与的情况更加不容乐观，有 93.51% 的农民工表示没有参加任何团体或组织，只有 23 人（1.19%）填答参加了工会组织，有 2.08% 的农民工回答参加了同乡会，有 2.28% 的农民工回答参加了校友会，呈现出很低的组织化水平。当然，这一结果是农民工自身对主动参与组织情况的回应，因此整体上数据会偏低，一些实际的工会参与和组织参与可能因为各种原因没能被反映出来。

表 3.1　全国范围内农民工与其他人群参与社会团体的情况（%）

参加的团体类型	农民工		城镇户口流动人口		城镇本地居民	
	人数	百分比	人数	百分比	人数	百分比
同乡会	40	2.08	26	3.35	34	1.36
工会组织	23	1.19	72	9.27	198	7.93
校友会	44	2.28	71	9.14	125	5.01
娱乐/公益组织	39	2.02	56	7.21	156	6.25

续表

参加的团体类型	农民工		城镇户口流动人口		城镇本地居民	
	人数	百分比	人数	百分比	人数	百分比
其他组织	35	1.82	33	4.25	111	4.45
未参加任何团体	1801	93.51	610	78.51	2040	81.73
有效样本数	1926		777		2496	

注：本题为多项选择题，每列人数之和不等于样本数，每列百分比总和不等于100%。

从不同城市来看，地区之间的差异也比较明显。例如，我们将北京的数据（未加权）单独拿出来，可以看到区别于全国数据的一些情况。比如不同类型人群的总体组织率都相对高一些，特别是北京本地居民，回答参加了工会组织的比例达到18.06%。农民工表示没有参加任何团体或组织的比例为85.79%，稍低于全国的比例，并且在同乡会、校友会的组织参与上，比例都超过了5%。

表3.2　北京农民工与其他人群参与社会团体的情况（%）

参加的团体类型	农民工		城镇户口流动人口		城镇本地居民	
	人数	百分比	人数	百分比	人数	百分比
同乡会	10	5.26	6	6.19	0	0.00
工会组织	1	0.53	13	13.40	13	18.06
校友会	17	8.95	12	12.37	7	9.72
娱乐/公益组织	8	4.21	10	10.31	6	8.33
其他组织	4	2.11	3	3.09	3	4.17
未参加任何团体	163	85.79	69	71.13	53	73.61
有效样本数	190		97		72	

注：本题为多项选择题，每列人数之和不等于样本数，每列百分比总和不等于100%。

根据上述数据，至少可以推断出几个结论，即从农民工自身的认知角度来看：（1）农民工的组织化程度总体不高，但相对于个体化、原子化的状态，也已经出现组织化的趋势，特别是在校友会、同乡会这些地缘性质的组织上有所体现。（2）农民的组织化主要体现在非制度化的组织参与中。例如，一些农民工可能在企业中被纳入工会组织而成为会员，但他们自身并不知晓或认可这种组织身份。当然，由于调查主要是在村庄和社区范围内进行抽样，因此工会的组织率应该存在一定的偏差，低于实际的工会参与情况。这与下文提到的“新生代农民工的组织化趋势”调查正好相反，新生代农民工参加工会的比例高于对其他组织的参与。

在清华大学课题组关于“新生代农民工的组织化趋势”报告中提到：“2011 年‘新生代农民工研究’调查数据显示，有 20.9% 的农民工报告说所在企业有工会，加入企业工会的农民工仅有 10.2%，只有 7.2% 的农民工报告其所在企业有民主选举的工会；另外，仅有 2.3% 的农民工参与过劳工 NGO（非政府组织）的活动。”从这个数据来看，总体的组织参与情况也不理想，并且报告中也提到，“企业工会和劳工 NGO 的转变主要集中在沿海地区，尤其是珠三角地区，内地城市虽然也开始不断地出现农民工集体抗议事件，但在劳工的正式组织渠道发展方面几乎没有任何变化。从人数规模上看，企业工会和劳工 NGO 的覆盖范围也非常有限”。[①]

国家统计局前些年在农民工监测调查报告中，对农民工加

---

① 汪建华，郑广怀，孟泉，沈原．在制度化与激进化之间：中国新生代农民工的组织化趋势［J］．二十一世纪，2015（8）：4－18.

入工会组织的情况也有所收集。在《2016 年农民工监测调查报告》中提到："从对工会组织的知晓情况看，已就业进城农民工中有 20.8% 知道所在企业或单位有工会组织，比上年提高了 1.3 个百分点；有 59.6% 知道所在单位和企业没有工会组织，有 19.6% 不知道自己所在企业或单位是否有工会组织。在知道自己所在企业或单位有工会组织的农民工中，有 53.8% 的农民工加入工会，比上年提高了 2.9 个百分点；加入工会的进城农民工占已就业的进城农民工的比例为 11.2%，比上年提高了 1.3 个百分点。"① 此处 11.2% 的入会比例是以进城农民工作为基础来统计的，如果考虑全部农民工，这个比例应该会更低。当然，国家统计局的数据也是农民工对自主加入工会行为的回应以及自身对工会会员身份的认知，所以整体比例也会明显低于实际入会情况。

从不同的研究数据综合来看，目前我国农民工的组织化程度并不强，但与过去不被承认工人阶级身份、维权意识不强的状况相比，他们中的一部分人特别是新生代农民工，逐渐开始寻求集体化的力量来维护自身合法权益。在珠三角地区，农民工的组织化诉求比较明显，一方面，工人争取企业工会的民主选举和独立运作，以此作为利益表达的方式。比如 2012 年 5 月，欧姆电子（深圳）有限公司召开工会会员代表大会，进行工会改选、直选工会主席。起因是当年 3 月，公司员工对公司的工资制度和福利待遇不满，向公司提出了加薪、提高福利待遇、调整休假机制以及重新改选工会等十二条诉求，后劳资

① 2016 年农民工监测调查报告［EB/OL］. 国家统计局网站，www.stats.gov.cn/tjsj/zxfb/201704/t20170428_ 1489334.html.

双方因未能达成共识，700 余名员工采取罢工静坐的方式表示抗议。在十二条诉求中，有一条明确指向公司工会。员工普遍认为工会组织由于并非选举产生，甚至不知道公司有工会，对其并不认可。当时的欧姆公司工会主席李世忠也坦承，工会工作人员全是公司管理人员。[①] 另一方面，农民工不再满足于仅仅从先赋性的乡缘、亲属关系中获得支持，而是开始向其他社会组织寻求帮助，特别是在珠三角地区相当活跃的劳工 NGO。在 NGO 的帮助下开展维权活动和进行集体协商的案例已不再少见。在北京地区，由于经济发展状况、政治和文化氛围的特殊性，虽然也出现了组织农民工的组织化趋势，但是他们的组织化程度相对较弱，并且主要表现为上面的第二点，即向一些特定 NGO 或社会服务机构寻求法律等方面的帮助，在开展集体谈判和停工等对抗性行动方面相对很少。

第二节　农民工非正式团体

农民工的非正式团体是以同乡会为代表的以地缘关系为基础的、多数没有固定组织结构和职能设置的关系群体，是农民工最早形成的草根性的自我组织形式。城市中农民工非正式团体的形成，是中国乡土社会“差序格局”社会结构的延续，是农民工在城市社会中对传统的亲缘和地缘关系的依赖。农民工从农村到城市的流动过程，既在一定程度上削弱了乡土社会的人际联系，又在微观层次上巩固了这种人际关系。就个体而

---

① 深圳今年首家企业工会直选今后直选将常态化［N］. 南方日报，2012－5－28，http：//gd. zwbk. org/info－show－10993. shtml.

言，农民工的强社会关系依然是以血缘亲属关系和地缘关系为主。

一、农民工的亲缘地缘网络

在农民工社会关系或职业获得的研究中，基本上都能得出相同的结论，即农民工进入劳动力市场最主要的途径是由亲友、老乡介绍，而通过其他正式组织渠道进入城市工作的比例仍然较小。尽管近些年来，乡土社会关系的强度也存在逐渐减弱的趋势（建筑行业农民工可能是例外），但总体上来说，农民工个体对于他们从乡村社会带出来的关系网络仍然具有高度的依赖性。亲属、老乡群体不仅可能为他们提供流入地的就业信息，也在选择职业、维护权益、生活支持等方面提供多种直接或间接的帮助。

社会关系网络是一种重要的社会资本形式，能够在流动人口遭遇困难的时候提供相应的支持。本次调查中，我们询问了三类人群在他们生活和工作遇到困难时会向谁寻求帮助，结果如表3.3所示。从求助对象来看，亲戚、朋友/同学都是三类人群选择最多的答案，尽管三者之间存在一些差异，其中城镇户口流动人口求助朋友/同学的比例比较高，但总体上还是非常充分地体现了无论是城镇人口还是农村人口，都对亲属关系和熟人群体具有较强的依赖性，差别在于寻求“老乡”帮助的选项上，农民工求助的比例（24.54%）明显高于城镇户口流动人口（13.28%）和城镇本地居民的比例（7.00%），说明相对于其他群体，农民工在城市社会中仍然保留着户口所在地的地缘关系社会支持系统。在体制化的组织渠道上，三类人群都未十分重视工会、妇联和共青团组织，但对政府部门的求助却达到一定的比例，均在5%以上；也有少部分人会选择向律师、警察和新闻媒体求助，并且在这一类求助对象上，农民工的选择比例要稍低于城镇户口流动人口和城镇本地居民。此外，农民工“不求助”的比例（18.22%）略高于城镇户口流动人口和城镇本地居民。总体来看，农民工的求助对象仍然表现出非体制化的特征，主要依赖于亲缘和地缘的关系群体。

表3.3　不同人群遇到困难时的求助对象（多选题）

求助对象	农民工		城镇户口流动人口		城镇本地居民	
	人数	百分比	人数	百分比	人数	百分比
工作同事	348	17.96	226	28.99	655	26.30
亲戚	1431	73.78	604	77.55	1998	80.16
朋友/同学	923	47.59	472	60.64	1407	56.45
老乡	476	24.54	103	13.28	175	7.00
雇主/老板	81	4.17	29	3.71	45	1.80
工青妇组织	7	0.36	16	2.10	39	1.55
政府部门	105	5.43	52	6.74	172	6.91
律师	27	1.38	23	2.95	104	4.19
警察	74	3.79	48	6.23	156	6.25
新闻媒体	25	1.30	22	2.83	90	3.61
公益组织/社区组织	23	1.21	13	1.70	72	2.88
不求助，自己解决	353	18.22	120	15.43	350	14.04
有效样本数	1939		779		2493	

农民工社会关系网络的“乡土性”也体现于他们在城市社区中的参与情况。城市社区参与情况部分地体现了他们在迁入城市社会关系的拓展程度。当他们能够参加社区的各类文化娱乐、志愿公益等活动，参与社区选举时，说明他们已经建立了一定程度的本地化社交网络。从表3.4来看，我国城市社区参与的整体情况不容乐观，居民的参与程度并不高。例如，对

社区文化、公益活动等，城镇本地居民有43.73%的人完全没有参加；对社区选举活动，有47.24%的城镇本地居民表示没有参加过。在目前的总体社区参与水平下，对于流动人口而言，社区参与程度更是显得非常不足，尤其是农民工群体。数据显示，66.01%的农民工完全没有参加过文化、公益等社区活动，经常参加的只有1.86%，城镇户口流动人口这两项的比例分别是57.59%和4.67%；对于居住社区的选举活动，有78.08%的农民工完全没有参加过，经常参加的只有1.76%，城镇户口流动人口的比例分别是68.95%和5.95%。此外，农民工在城市社区中关系网络拓展不足的表现，还在于他们对社区信息了解不够。例如，农民工"不知道社区活动"的比例要高于城镇居民，在社区文化、公益等活动上，有15.16%的农民工表示不知道社区活动，而城镇本地居民不知道信息的比例仅为8.33%。

表3.4　不同人群的城市社区参与情况

	选项	农民工		城镇户口流动人口		城镇本地居民	
		人数	百分比	人数	百分比	人数	百分比
参加社区文化、公益等	完全没有参加	1276	66.01	444	57.59	1087	43.73
	偶尔参加过一两次	203	10.50	168	21.79	641	25.78
	经常参加	36	1.86	36	4.67	271	10.90
	社区没有活动	125	6.47	46	5.97	280	11.26
	不知道社区活动	293	15.16	77	9.99	207	8.33
合计		1933	100.00	771	100.00	2486	100.00

续表

	选项	农民工		城镇户口流动人口		城镇本地居民	
		人数	百分比	人数	百分比	人数	百分比
参加社区选举	完全没有参加	1507	78.08	533	68.95	1174	47.24
	偶尔参加过一两次	113	5.85	106	13.71	542	21.81
	经常参加	34	1.76	46	5.95	473	19.03
	社区没有活动	63	3.26	16	2.07	109	4.39
	不知道社区活动	213	11.04	72	9.31	187	7.53
合计		1930	100.00	773	100.00	2485	100.00

二、非正式团体的形成与功能

对亲缘和地缘关系的依赖，正是同乡会等农民工非正式团体形成的基础条件。对于农民工来说，同乡会不只是一种“联络乡谊”的非正式组织，更是成为很多农民工维护自身权益的组织化平台，使农民工能够从个体的维权手段转向组织化的利益表达。在本次调查数据中，如表3.1、表3.2所示，全国数据中农民工只有2.08%加入了同乡会，北京农民工中只有5.26%加入了同乡会，比例不算太高，但其他一些研究则给出了相对较高的估计。

卢国显的数据①来自2005—2006年在北京、广州、石家庄

① 卢国显．同乡会：农民工组织化与非正式组织参与的实证研究［EB/OL］，中国社会学会网站，http：//www.sociology2010.cass.cn/upload/2012/08/d20120830142501952.pdf.

三大城市的入户问卷调查，其中北京市的调查活动共得到市民有效样本301份、农民工有效样本306份。2006年4月份在广州市白云区的问卷调查共得到市民有效样本86份、农民工有效样本72份。2006年5月份在石家庄市桥西区的问卷调查共得到市民有效样本66份、农民工有效样本80份。最后共得到市民样本453份、农民工样本458份。调查显示，在449个有效样本中，“没有参加”过同乡会的农民工比例为63.9%，“参加”过同乡会的农民工为36.1%。考虑到样本规模和抽样问题，这项调查的结论应该存在一定的偏差，但至少能反映出农民工的非正式团体参与率已经达到一定的比例。

在清华大学课题组的报告中，也提到非正式团体是推动农民工组织化的草根力量。工厂内的非正式关系网络，是农民工的集体抗议和日常抵抗能够借用的一个主要资源。地缘网络依然是新生代农民工在企业内最重要的关系聚合形态。该报告中提到的数据是，受访的新生代农民工中，有49.8%通过亲友熟人找到目前这份工作；10.4%的受访者报告说所在企业有同乡会组织，在这部分受访者中，有一多半的新生代农民工（58.1%）加入其中①。从该报告来看，新生代农民工大约有6%的人参加了非正式团体，与表3.2中的数据比较一致。

因此，综合不同的调查数据，可以确定的是，尽管同乡会这类非正式团体的结构相对松散，但它可以说是农民工自我组织的最初形态，对农民工的城市工作和生活提供了重要的支持。这种支持作用一般体现在三个方面：第一，非正式团体可

① 汪建华，郑广怀，孟泉，沈原．在制度化与激进化之间：中国新生代农民工的组织化趋势［J］．二十一世纪，2015（8）：4－18.

以说是城市外来农民工，特别是初到城市的农民工最有效的沟通平台之一，是农民工人际交往的基本关系网络。很多农民工进入城市、职业场所，本身就是依赖于这种基本网络。在业缘关系没有得到有效拓展之前，人际交往基本也局限于同乡组织。第二，这种关系网络为农民工提供必要的心理和情感支持，使农民工拥有一个克服孤岛化的正常生存空间。在城市生活空间中，农民工群体形成了一个单独的社会类别，并未完全融入城市社会，他们的社会支持很大一部分来自非正式团体。但这种非正式团体所支持的生存空间也存在"内卷化"的特征，局限于在群体内部不断扩展各种社会关系和网络，而没有突破特定群体的界限。第三，非正式团体的关系网络作为农民工群体的重要社会资本，在农民工遭遇各种困难的时候，能够提供直接的帮助。特别是当农民工遭遇权益受损情况时，非正式团体能成为集体化维权的重要支撑。此外，有些研究也讨论了非正式团体对农民工劳动收入的影响。比如，宋月萍等人使用 2013 年全国流动人口动态监测社会融合专题调查数据，分析认为"基于'熟人社会'的信任和互助，同乡会能够比较容易地吸纳来自同一地区的农民工，一方面，能为农民工提供更多就业信息，另一方面，还能在一定程度上避免因农民工的分散性而导致的个体利益受损，从而促进农民工劳动收入的提高"①。上述这些方面，是非正式团体对农民工在城市中的生存和发展所具有的积极意义。

当然，在农民工非正式团体的发展中，也会存在一些问

---

① 宋月萍，马腾．同乡会对农民工劳动收入的影响［J］．中国人民大学学报，2015（2）：107－113.

题。第一，合法性的问题。尽管有学者提到，同乡会作为兼具亲密性和表达性的社团，属于结社自由的范围，应该在法律意义上予以承认和保护①，但是其合法性问题一直没有得到明确的界定，现实中处于合法与非法之间的状态。在为农民工维护权利的过程中，同乡会的行为往往是比较过激的非制度化行为，并容易引起社会治安事件，妨碍人们对其合法性的认知。一项研究显示同乡会、老乡帮会中的“能人”在解决问题时，采用谈判方式的比例高达47.0%，但有的老乡帮会在采用谈判、协商过程中遇到困难时，会采取暴力的方式，绑架企业主、破坏企业生产等事件时有发生。因此，“对于各级政府来说，‘同乡会’这样一种组织化的群众力量是一只‘烫手的山芋’”。② 极端的情况下，农民工的非正式团体如果没有得到有效的引导和规范，也会出现黑帮化的倾向。在国家构建和谐社会的大背景下，这一问题对农民工非正式团体的发展至关重要。第二，自身组织建设的问题。农民工非正式团体多数没有严密的组织架构，没有清晰的关于组织目标、职能的设定和规划，这导致组织在行动时具有很大的不确定性。对于政府部门来说，也难以对其进行引导和管理。第三，农民工非正式团体还可能存在排他性的特征，影响工人阶级的整体团结。非正式团体是以地缘关系为纽带的，这在加强地域范围内农民工整合的同时，也对其他地域的农民工形成了排斥。比如冯军旗提到

---

① 杨福忠．结社自由的规范领域与保护程度——以农民工人会为视角的宪法学分析［J］．国家行政学院学报，2012（4）：107－111.

② 孔一．从同乡会到工会——农民工组织化维权的可能道路［J］．法治研究，2010（9）：58－62.

的“新化现象”[1]，讨论的是北京高校复印产业中形成以湖南新化人为主体的产业扩散的经济现象。这种现象还有很多，反映了农民工基于地缘和亲缘关系构建出一个个带有封闭性的互助网络，而没有走出这种乡土联系，在职业和社会交往领域形成包容性、制度化的集体行动模式。这与西方一些移民同乡组织的发展存在较大区别。比如在托马斯和兹纳涅茨基，对于100多年前涌入美国的波兰农民的研究中，提到波兰裔移民时期成立的那些基于地缘关系的同乡互助组织，后来基本都逐渐淡化了它们的地缘色彩和乡土情感联结，走上一种基于职业和地位的阶级识别和抗争动员的路径，并演变成自主组织的、能够采取集体行动的现代工会形式[2]。

第三节　农民工加入工会组织

按照我国《工会法》第二条规定：“工会是职工自愿结合的工人阶级的群众组织。”从根本性质上说，工会也是工人阶级自我组织的一种形式。但在目前实践中，我国工会组织更多地表现为一种自上而下的体系和力量。中华全国总工会是工会组织体系的最高领导机构，在推动工会建设、组织职工入会方面发挥着主导作用。《工会法》也明确规定：“中华全国总工会及其各工会组织代表职工的利益，依法维护职工的合法权益”，“维护职工合法权益是工会的基本职责。”工会组织无疑已成为维权农民工合法权益的最重要的组织力量。因此，了解

---

① 冯军旗.“新化现象”的形成［J］. 北京社会科学，2012（2）：47－53.

② ［美］托马斯，［波兰］兹纳涅茨基. 身处欧美的波兰农民［M］. 张友云译. 译林出版社，2000.

各级工会组织吸纳农民工加入工会的基本情况，也有利于更全面地理解农民工的组织和维权状况。

一、工会组织推进农民工入会

在表 3.1 的数据中，农民工明确表示加入工会的比例非常低。但这一数据主要是从农民工自身的认知来看的，相对于他们的实际入会情况是偏低的。从工会组织角度来看，农民工入会情况所显示出来的数据结果是振奋人心的，但由于统计方式的差异，对这一数据结果可能也要保持谨慎的态度。

2003 年 9 月，中国工会十四大提出，工人阶级是“包括广大知识分子在内的，由各种所有制企业、各种机关事业单位的全体体力劳动者和脑力劳动者构成的统一整体”，并且明确提出“农民工已经成为我国工人阶级的新成员和重要组成部分”。其后，2004 年中央一号文件也明确提出：“进城就业的农民工已经是产业工人的重要组成部分，为城市创造了财富、提供了税收。”这标志着农民工的工人阶级身份得到党和政府的正式承认。

2015 年 4 月，中华全国总工会印发《开展“农民工入会集中行动”的实施方案》，提出从 2015 年 4 月至 12 月，各级工会要聚焦全国省级以上开发区（工业园区）、建筑项目、物流（快递）业、家庭服务业、农业专业合作组织等重点区域和领域，最大限度地把农民工组织到工会中来，实现至 2015 年底，全国农民工会员数量较 2014 年有明显增长，推进农民工组织化程度取得新突破。此后，各级地方总工会每年都组织相应的农民工入会活动，并通过创新入会形式，拓展入会渠道等方式，努力提升农民工的入会率，效果也十分明显。

按照国家统计局的数据，2014 年末，全国农民工总量为

27395 万人，其中外出农民工 16821 万人。[①] 按照中国工会十六大公布的数据，截至 2013 年 6 月底，我国工会会员总数达到 2.8 亿人，其中农民工会员总数为 1.09 亿人，职工入会率达到 81.1%，农民工入会率也达到 40.5%。到 2018 年底，农民工总数为 28836 万人，比 2017 年增加 184 万人，增长 0.6%；其中乡内就地就近就业的本地农民工 11570 万人，外出农民工 17266 万人[②]。

以北京市为例，按照市总工会的数据，截至 2015 年 8 月，全市 116.5 万农民工中，已加入工会有 65.2 万人，入会率达到 56%。[③] 北京市推进农民工入会的方式主要有：（1）在市级层面建立家具行业、汽车零部件行业、清洁行业等行业工会联合会。各区县、各街道乡镇针对区域特色和行业特点，建立楼宇、“一条街”、大卖场等行业工会联合会。（2）在全市的大型在建项目建立施工现场工会联合会，吸纳总承包方、专业承包方和劳务承包项目部中包括农民工在内的职工加入施工现场工会联合会，由工会联合会负责组织、协调、落实施工现场整体工会工作。（3）组建联合工会，发挥社区（村）联合工会作用，将工会组织的覆盖面扩大到小微企业和零散就业人员。（4）探索网上入会新方式，依托会员实名制系统，开放职工登录接口，职工在网上填报信息，根据职工填报的信息，系统按地域关系将信息转入职工工作地或居住地工会服务站，由专

---

① 2014 年国民经济和社会发展统计公报［EB/OL］，国家统计局网站，http：//www.stats.gov.cn/tjsj/zxfb/201502/t20150226_685799.html.

② 2018 年农民工监测调查报告［EB/OL］，国家统计局网站，http：//www.stats.gov.cn/tjsj/zxfb/201904/t20190429_1662268.html.

③ 北京方式灵活工作问效推进农民工入会［EB/OL］，人民网，http：//acftu.people.com.cn/n/2015/0921/c121801－27612853.html.

职工会社会工作者联系职工，帮助职工完成入会手续，进一步吸纳零散职工加入工会组织。

北京市总工会组织农民工入会的基本方式，也是全国各个地方工会的通行做法。这些方式的主要特征是由工会组织来主导，以行业、企业为单位，将所属农民工都纳入工会组织体系，客观上能够延展工会组织的触角，迅速覆盖更多的农民工，但在短期内无法形成农民工对工会组织的深度认同。如果从农民工角度来询问其加入工会情况，就会出现一些不确定的回答。扩大覆盖面只是第一步，后续更重要的工作在于通过维权和服务行动，真正将农民工群体团结和整合在工会组织当中。

二、农民工主动要求建立或加入工会

前文提到的北京市工会组织推进农民工入会的四种方式，基本上都是自上而下的过程。这种方式非常有利于迅速提升农民工的入会率，但造成的问题就是农民工“被入会”的现象。一方面，很多农民工并不知道自己已经加入工会；另一方面，加入工会也并未为他们带来劳动权益上的明显改善。与这种方式相对应的，是农民工自身对组建和加入工会的主观意愿和诉求。伴随着经济社会发展和法治社会的建设进程，农民工的权利意识以及组织意识也得到明显提升。

在北京市也出现农民工自发要求建立工会的事件，但经历一番波折之后并未成功。这个事件在《北京青年报》以“农民工欲借工会力量维护自己权益陷‘死循环’”为题进行了报道。[①] 农民

---

① 农民工欲借工会力量维护自己权益陷“死循环”[EB/OL]. 中国青年网，http://news.youth.cn/gn/201308/t20130811_3677838.html.

工要求建立工会，主要还是为了维护自身的合法劳动权益。当时的制约条件主要在于两个方面，一是一些企业不希望工人们提出建立工会，担心会对企业的生产经营活动产生影响；二是劳务派遣工人的入会形式还不明确，地方工会也因为各种原因不能对工人的建会需求提供有效的支持。

我们在江苏省苏州市吴江区开展了一项“非公企业工会组织力”研究①，填答问卷的职工共1870人，其中绝大多数是农民工，共1429位。从数据来看，已经有不少职工对工会的影响力和维权作用给予了肯定的评价。同时，数据当中也反映出目前的工会工作也还存在一些问题。然而表3.5所示，尽管超过一半（51.43%）的农民工认为工会的影响力一般，但是认为工会影响力“比较大”“非常大”的农民工也达到了521人，占比36.46%。

表3.5　农民工对工会影响力的看法

影响力程度	人数	百分比
非常大	188	13.16
比较大	333	23.30
一般	735	51.43
比较小	76	5.32
非常小	97	6.79
合计	1429	100.00

针对工会维权效果，我们向职工询问了“认为通过工会

① 2019年10—12月，中国劳动关系学院课题组和吴江区总工会联合开展非公企业工会组织力建设调查，调研了16家企业，同时通过网络平台发布电子问卷，对吴江区非公企业职工进行问卷调查，获得有效问卷1870份，其中农民工1429人。

向管理层提出相关利益要求或维护利益时效果如何”的问题，结果如表3.6所示，认为效果一般的农民工仍然占主流，比例为49.90%，但是认为维权效果“比较好”“非常好”的农民工也达到570人，占受访农民工的39.88%。

表3.6　农民工对工会维权效果的看法

	频率	百分比
非常好	250	17.49
比较好	320	22.39
一般	713	49.90
不太好	68	4.76
不好	78	5.46
合计	1429	100.00

对工会组织维权和服务作用的积极认知和评价，是农民工期望建立和参加工会组织的基本动力。在问及农民工希望工会组织重点做哪些工作的时候，前三项工作分别是“开展技术技能培训”“维护职工劳动权益”“开展困难职工帮扶”，基本上都是涉及职工利益和发展的服务与维权问题。与过去相比，农民工希望通过工会组织来维权的意识确实明显提升。

虽然农民工自主组织工会并不可行，但是在工会组织中，由职工直接推选工会主席的尝试却已经开始实践。早在2007年8月，48岁的工会劳动协管员刘振平被47名工会会员代表选为北京市石景山苹果园街道非公企业工会联合会主席①。这是北京市首次进行小企业工会主席直选，新当选的刘振平要接

① “我们相信他能为职工说话办事”［EB/OL］. 中华全国总工会网站，http：//www. acftu. org/template/10041/file. jsp？aid =63003.

受所有工会会员监督，工会会员也有权力直接罢免他。深圳市也已经开始工会直选的试点工作。2012 年 5 月，深圳市首家企业进行工会主席直选，同时深圳市总工会宣布，当年到期换届的 163 家企业工会将尝试由工会会员直接提名和选举工会主席，不再由资方指定①。工会主席的直选虽然也存在很多问题，推进的过程也不会一帆风顺，但是，由职工直接选举工会主席，或多或少体现了职工参与工会组织的主动性和自主性，体现了对职工民主权益的保障。

三、农民工加入工会组织面临的问题和困难

不可否认，加入工会组织是农民工最主要也是最重要的组织化形式。工会组织在农民工的维权和服务过程中发挥了极其重要的作用，这些作用事实上远远超过了农民工自身的认知。从工会工作角度讲，除了直接开展的农民工维权和服务行动，工会组织在国家政治生活中的参与、在国家劳动立法和劳动政策方面的参与、在集体协商和三方协商等机制建设方面的推进等，都是维护农民工合法权益的重大举措。当然，我们也需要正视工会在组织农民工、服务农民工的过程中存在的一些具体问题和困难。

首先，关于自上而下推动农民工加入工会的形式。从我们在全国所做的抽样调查数据以及其他相关研究数据来看，农民工的入会率都比较低。也许从组织关系上来讲，不少农民工已经成为工会会员，但他们自身并没有经过主动入会的阶段，甚

---

① 深圳试点大企业“直选”工会主席［EB/OL］. 中国新闻网，http://www.chinanews.com/fz/2012/06－08/3947635.shtml.

至对工会组织以及工会对于自身的意义都不甚了解。这种自上而下的入会方式，反映出目前工会组织在代表农民工方面还存在一定的问题。地方工会的组织机构明显存在大家普遍诟病的机关化和行政化特征，与基层职工无法形成有效的互动，即在密切联系群众的要求上还很难体现出真正的效果。工会组织目前从宏观层面看，主要是在源头参与，即在影响国家立法、政策制定等方面发挥了积极和重要的作用。从微观层面看，工会的作用主要集中在机关、事业单位和国有企业之中，并且主要是以提供福利、组织活动、民主参与的身份出现，在涉及职工权利维护方面较少发挥实质性的作用。而在非公企业当中，多数工会处于企业行政方的主导之下，缺乏基本的独立性，很难代表工人发出声音，也很难实际参与到维护工人权益的行动当中。

我们在苏州市吴江区非公企业的调研中，仍然发现工会组织在组建和发挥作用方面的一些问题。例如，在调研的企业中，由于工会主席的身份多为企业管理部门或业务部门的负责人，很多工会工作是与企业行政业务交叉融合在一起的。客观上说，由行政或业务部门负责人来推动的工作项目或内容，可以得到更为快速有效的实施，这使工会组织能够借助企业行政的力量，把相关的职工服务工作做得更好。但是也存在一些相关的问题，一是这种行政作用的突出，会导致职工对工会认知的弱化，使职工难以清晰、准确地认识到工会在代表和维护自身利益上发挥的积极作用，甚至可能会把工会看作企业行政方的代表；二是企业行政方主导的工会活动，基本的出发点更多的还是企业利益，活动可能也具有一定的倾向性。从对职工调查的数据来看，在询问职工“本次调查之前，是否知道企业的工会主席叫什么名字”的问题上，1870 名受访职工中，870 名（占 46.5%）表示“不知道”。特别是在询问职工“是工会会员吗”的问题上，高达 45.3% 的职工表示“不是会员”，还有 18.3% 的职工表示“不太清楚”，说明一些工会工作并没有真正触及职工身上，很多职工仅仅表现一种“被入会”的状态，而并未感受到工会干部和工会工作对自身的影响。

其次，自主组建工会还存在很多阻碍因素。《工会法》第二条对工会的规定是：“工会是职工自愿结合的工人阶级的群众组织。中华全国总工会及其各工会组织代表职工的利益，依法维护职工的合法权益。”并且在第三条规定：“在中国境内的企业、事业单位、机关中以工资收入为主要生活来源的体力劳动者和脑力劳动者，不分民族、种族、性别、职业、宗教信仰、教育程度，都有依法参加和组织工会的权利。任何组织和个人不得阻挠和限制。”因此，农民工有参与和组织工会的权利，这是毋庸置疑的。但是在我国大陆地区，工会组织是一元化的体系。也就是说，农民工自主组建起的工会组织，也必须存在于中华全国总工会的组织体系中。农民工自主组建工会的困难，在一些地方推行企业工会主席直选的试点中有所体现。比如，闻效仪的研究提到广东企业工会主席直选中存在的障碍，一是来源于企业管理层对工会的实际操控，而非政府主导，工会依然没有实质的独立性；二是来源于地方政府不同层级的激励导向，基层政府更愿意与企业资本保持紧密联系；三是来源于对于不稳定的不正确理解①。

---

① 闻效仪．工会直选：广东实践的经验与教训［J］．开放时代，2014（5）：54－65.

最后，工会组织的作用和影响力尚未充分发挥。中国工运事业和工会工作一直处于持续发展的过程中，在不同的时间段都涌现出很多特色化的行动，特别是进入新时代后，各级工会组织牢牢把握保持和增强政治性、先进性、群众性的主线，立足于解决自身突出问题，激发组织活力，积极推进理论创新、实践创新、制度创新，使工会工作不断适应新形势新任务新需要。在服务职工群众方面，通过强化“最后一公里”建设，完善维护职工权益的制度和机制，构建多元化服务体系，让广大职工在改革进程中得到更多的获得感。这些工作都在一定程度上满足了职工的需要，得到企业方和职工群众的肯定。但与前面两个问题相对应，很多工会工作落到企业中时，仍然难以发挥广泛的、系统性的作用和影响力，最终在职工群众的评价上尚未达到良好的状态。这在前文表3.5和表3.6的数据中也能有所体现。对于职工而言，工会是职工的坚强后盾；对于工会组织而言，职工也是工会最根本的依靠和力量来源。得不到广大职工的参与和支持，工会工作就相当于失去土壤，无法支撑起庞大的任务和目标。从我们在苏州市的调研情况看，非公企业工会工作在联系广大职工、服务广大职工方面还不够深入，因此也未能得到来自广大职工的最广泛支持，从而影响非公企业工会工作的深入发展和作用发挥。在苏州市吴江区的职工调查中，涉及“职工参与工会组织的各项活动”的问题，整体上看，除“教育、培训活动”参加的职工达到63.3%，“劳动安全、卫生状况督查检查”涉及的职工达到50.4%外，其他各项活动中，参与的职工均不到一半。在“工会代表或职工代表的选举”中，参加过的职工只占32.9%，“不知道有没有开展”的职工占18.3%，没有参加的职工占48.8%。在

“企业工会开展的征求意见会、民主协商会”问题上，参加的职工只占33.6%。

第四节　农民工非政府组织

随着我国公益事业的发展和对社会组织参与社会治理的重视，各类民间非营利组织也不断涌现，数量逐渐增多，很多组织的规模也由小到大，服务项目也由少变多。由于市场经济条件下劳动关系的发展变化和劳动者权益问题的凸显，出现了不少由农民工自己成立和发展、成员基本上由农民工组成的农民工非政府组织。这是农民工自我组织的一种重要形式。当然，也有一些社会组织是由非农民工群体的社会人士组织和发起的，但是将农民工的维权和服务工作作为组织的主要目标，实际上也可以界定为农民工非政府组织。

一、农民工非政府组织的形成

农民工非政府组织的出现，一方面，是由于其他非正式团体以及工会组织在发挥作用的过程中都存在各自的局限性。非正式团体的合法性问题、排他性特征等，工会组织的机关化、行政化特征等，使两者都无法完善地解决农民工的实际问题，也无法为其提供足够良好的生存和发展环境。在这种情况下，正式的农民工非政府组织的发展成为保障和服务农民工利益的又一条重要途径。另一方面，很多受过教育、维权意识明确的农民工，经过长期的务工经历后，开始寻求对自身群体提供组织化的支持。农民工权利意识的觉醒表现在，他们逐渐意识到自己在法律上应有的公民权利，并在这些权利受到侵害时开始寻求救济和保护[①]。北京“在行动”组织的创始人 MY 以及长沙“工之友家园”的创始人 LM 皆是如此。在被问及为什么会创立组织时，两位负责人都不约而同地谈及自身在城市打工的经历。虽然他们的个人经历各不相同，但都在城市打工的过程中看到很多针对农民工的不公平现象，体验到很多不公正的对待，由此出发去关注和寻求问题的解决。比如 MY 这样叙说他成立“在行动”机构的原因：

> “我是山东临沂小农村的一个小孩，1999 年来的北京，刚过完年来北京打工，1999 年正好赶上五十年大庆，当时北京流动人口管控特别严，那个时候必须要办理暂住证件，就我个人本身的经历来说，老板拖欠我的工资，实际老板不应该拖欠我的工资，对，就很简单的一点事，他就认为你是外地人，没有人帮助你，没有人支持你。然后我把钱要回来以后，想看看能不能发起一个外地人帮助外地人的机构，或者一个团体。”（2014 年对“在行动”创始人的访谈记录）

LM 成立“工之友家园”的过程也有类似特征，他也强调自身经历对于发起成立农民工帮扶组织的影响，希望通过自身的努力，能够让农民工群体的生存状况得到一点改善。每一个小组织自身的力量总是有限的，但组织自身的存在就是一种力量，并且众多类似的服务组织汇聚在一起，也能对农民工群体提供一些实际性的帮助。

---

① 王聪．我国农民工自组织产生的深层根源［J］．科技信息，2010（22）：19＋21．

"它（指'工之友家园'）不是突发的，不是突然发生的事情，它是跟以前的经历有关系。这个经历包括2007年我没去杭州做'草根之家'之前的和2007年参加'草根之家'之后两大过程累积在一块，最终就出现了我们长沙这边的一个发展。2007年之前我在广东打工，就说自己的一些经历，我自己是1994年去南方打工，到2004年打了十年工。我们为什么要做工友之家？我们不就是想让这个打工人群能够生活得更好一些，或者我们的生存现状能够得到一些改善嘛，就是为了这个目的，这就是我们最初的一个想法。"（2014年对"工之友家园"创始人的访谈记录）

当然，自身的经历给了他们自我组织的刺激和动机，但是真正成功地创立起一个组织，还需要其他一些条件或支持。在访谈过程中，我们也注意到，在他们组织维权意识的提升方面，也得到来自外部力量的影响和支持，比如其他农民工组织的影响和启蒙。MY在成立"在行动"之前，"在网上找，后来正好找到几个朋友，九个人吧，就成立了一个机构，那个机构叫'小小鸟'。"MY在"小小鸟"兼职做过一段时间，2004年开始专职在机构工作，这时也得到了一些基金会对公益活动的资助。这些基金会对农民工组织开展志愿者培训进行资助，让更多的人了解到公益、NGO等很多原来不甚明了的概念。2006年MY走出"小小鸟"，成立了现在的"在行动"组织。

当然，社会组织的发展与国家政策环境密切相关。在第三章关于人口流动政策的梳理中，可以看到进入21世纪后，党和国家的政策逐渐朝向消除城乡壁垒的方向发展，农民工的劳动经济权益、子女教育权益等得到越来越多的政策支持；相应地，为农民工服务的非政府组织在这个时期内也逐渐产生和发展。当然，在这样的政策调整时期，农民工非政府组织也会面临很多束缚和资源不足等问题，发展道路非常曲折。后来，为了进一步推进社会主义和谐社会建设，党和国家提出了加强和创新社会管理，在强调依靠基层党政组织、群众组织、行业管理组织、群众自治组织的同时，指出要调动社会组织的积极性，共同化解社会矛盾。党的十八届三中全会正式提出社会治理命题后，在社会治理领域更加强调政府主导之外的多元主体作用。党的十九届四中全会通过的《中共中央关于坚持和完善中国特色社会主义制度推进国家治理体系和治理能力现代化若干重大问题的决定》中，提出了要构建基层社会治理新格局，发挥群团组织、社会组织作用。在社会治理格局中纳入社会组织、社会力量，这是包括农民工非政府组织在内的各类社会组织发展的重要制度环境。

二、农民工非政府组织的特殊性

农民工非政府组织主要是指由农民工自主创立和发展的组织，创立者、负责人一般都是农民工自身，因而组织成员的身份上不同于其他非政府组织。另外，在组织规模、资金来源、组织结构等方面也与其他非政府组织存在差异。我们主要从两个方面进行简要说明。

首先，农民工非政府组织的资金来源相对更为单一。由于其创立人主要是农民工，自身的社会资源相对较少，接触政府相关部门的机会也不多，难以获得政府部门的资金支持，往往需要靠其他社会人士的引荐才得以获得单线支持。需要注意的是，农民工非政府组织在农民工维权和服务方面比较单一的资金来源渠道，早期主要来源于一些公益基金会。政府部门希望农民工的维权行动是以制度化的方式进行，并不希望农民工非政府组织过多介入，自然不会为其行动提供资金支持。但目前我国劳动关系领域的问题和矛盾得到了社会各界的广泛关注，很多公益组织也都通过特定项目来培训我国城市中的农民工群体。比如"在行动"组织介绍资金来源时提到，组织的工作主要分成两个部分，一是针对农民工的服务，主要依靠与一些基金会的合作来获得资金；二是专业的社会工作服务，得到地方政府的大力支持，两者的资金来源方向完全不同。

> "大部分资金还是来自基金会。一些基金会与我们进行合作，开展农民工的培训项目、子女教育服务项目等。社会工作这一块资金全部来源于政府，政府购买服务，有北京市政府、区政府、街道、社区，当然还有一些基金会和企业也在购买。比如我们和企业合作的时候，就是做的企业社工的部分。"（2014 年对"在行动"创始人的访谈记录）

来自公益基金会的资金具有一定的不稳定性。在劳动关系领域，很多问题涉及的部门非常多，解决的难度相对比较大，仅仅靠一些公益基金会的支持，并不容易实现良好的效果。此外，如果没有官方背景，基金会的过多介入，很多时候也不容易得到政府部门的支持。从政府治理来看，仍然比较重视劳动关系领域的安全风险问题。在基金会的资金管理上，政府也会在特定的环境下采取一些比较严格的管理措施。因此，由于资金来源问题，农民工非政府组织很多时候不得不有所应对，在不同时期对组织的服务对象和内容进行调整。

其次，农民工非政府组织的组织规模相对于其他 NGO 来说相对较小，结构更为简单，并且专业能力较弱。负责人的身份及其承担的基本职能，使农民工非政府组织缺乏来自各行各业专业人士的加入，而资金的缺乏也抑制了农民工非政府组织规模的壮大。组织人员较少、专业性不强导致组织结构相对单一，有些农民工非政府组织仅有几个主要成员负责，并且成员之间的分工不明确，几乎每个人都要承担全方位的工作任务。比如“在行动”目前在北京注册的一共有三个机构，一个丰台区的机构，加上在大兴区设置的工友中心，一共有 8 位专职工作人员，承担的工作有两个方面，一是社工的事务，二是农民工的事务。另外在通州区、朝阳区成立的两个机构也分别只有 3 个和 7 个成员。

农民工非政府组织的成员不仅存在上述问题，而且和其他社会组织一样，除核心工作人员以外，成员的流动性比较大。在这样的组织中工作，各方面的压力都不少，相应的收入也不太稳定。除正式工作人员之外，农民工非政府组织也在工作过程中大量依靠志愿者的服务。客观上说，志愿者在一定程度上解决了农民工非政府组织的人员不足和专业能力问题。比如“在行动”组织的志愿者资源中，有 200 多位律师界人士，当然其中“百分之九十都是（北京以外）外地人”。总体上看，农民工非政府组织的组织规模还相对较小，没有复杂的组织架构，工作涉及的范围和深度也较为有限。

三、农民工非政府组织发展中的问题

农民工非政府组织在一定程度上弥补了工会以及其他非政

府组织作用的空缺，满足了农民工群体很多具体的、日益增长的生活服务和权益维护的需要。但是，农民工非政府组织在其产生和发展的过程中同样也存在一些问题，主要包括：资金不足、资源不足、受到政府限制、负责人本身专业水平不高、不被民众认可等。

首先，每一个农民工非政府组织在创立之初几乎都遇到了同一个问题——不被民众认可。这些草根组织基本上很难有被民众认可的基础，只能通过自身的努力和行动不断增进人们的认同。LM 在访谈中提到，“工之友家园”在创立之初，被身边的人们看作是传销窝，没有人知道自组织是什么，也没有人相信会有组织免费给他们提供帮助，民众对组织创立的目的是持怀疑态度的。

其次，资金不足是一个共同的问题。我国农民工非政府组织的资金来源主要是基金会赞助，但是从对 LM 的访谈中不难发现，基金会的资金支持并不稳定，随时可能由于基金会自身资金不足以及基金会的业务转型而撤资。就目前来看，国家对社会组织的作用给予了很高的定位，但仅仅依靠基金会的资金支持，又远远不足以支撑农民工非政府组织的整体发展。

再次，受到政府限制也是农民工非政府组织遇到的问题之一。MY 和 LM 两位负责人在访谈中都有谈到，政府对于农民工非政府组织的支持力度不够，甚至还可能会限制组织的发展。北京的“在行动”组织相对于长沙的“工之友家园”组织而言，较容易得到政府的支持。MY 提到，北京关于非政府组织这一块的支持政策较多，而长沙的“工之友家园”组织在政府支持方面则较为坎坷，中部地区缺少相应的政策支持，政府部门也更为谨慎。

最后，由于农民工非政府组织的创立人和负责人都是农民工，在专业知识方面难免会比较薄弱。MY 和 LM 两位负责人都在访谈中坦诚地表示，他们自身水平不够、专业素质不高，因此还需要经常参加各种培训来提升自己的专业水平。然而，与此相关的培训并不多，且对于他们而言，很多培训对专业能力的提升非常有限，因此，负责人本身专业水平不高仍然是农民工非政府组织长期面临的一大问题。

这里，我们对农民工非政府组织存在的四个主要问题进行了简要概括，关于农民工非政府组织维权和服务方面的困难与问题部分，在下文再作讨论。

第四章

个体到集体：模式的发展与演变

关于农民工维权和服务组织的讨论，主要涉及工会组织、农民工非政府组织以及农民工的非正式团体。在一些具体问题中，农民工非政府组织也涉及服务农民工群体的其他非政府组织。工会组织对农民工的维权和服务工作一直处于制度化的发展渠道中，具有比较清晰的脉络、结构和内容。因此，本章讨论个体到集体的模式发展，主要关注的对象是农民工非政府组织。正如在本书方法部分的介绍，我们会使用北京和长沙两地的农民工非政府组织的案例，来呈现农民工非政府组织在农民工维权和服务方面的发展状况。最后，我们也会简要提及，从整个劳动关系领域的发展来看，劳动关系的调整也经历着从个体化向集体化的转型。

本章基于北京“在行动”和长沙“工之友家园”创建者和主要负责人的访谈资料，以及一些相关机构提供的文献资料，试图概括和梳理农民工非政府组织的维权服务模式和演进过程。最初作为自发型的社会组织，农民工的非政府组织从互帮互助的理念出发，针对农民工个体开始开展相关的维权服务，然后发展到较为系统化的社会工作类服务，最后到相对成熟阶段的集体化的维权和服务方式。四种维权服务方式体现了从单一到多元、从个体到集体的变化特征。当然，这种维权服务模式和发展阶段的划分并不是绝对的，在农民工非政府组织的不同阶段，很可能同时存在不同的维权服务方式和手段，并且各个机构由于资源差异、自身定位等不同因素的影响，所处的阶段也不尽相同。

第一节　初始阶段：互帮互助

这一阶段主要针对自下而上的自发型农民工非政府组织，比如北京的“在行动”和长沙的“工之友家园”。机构成立之初并没有十分明确的针对性目的，机构的创办只是源于农民工自己在打工过程中看到的或者经历的“被欺负”的现状，进而想寻求一种解决的方法。这促使一些农民工希望成立自己的组织，来实现彼此之间的帮助和支持。当然这种互帮互助必然包括在农民工权益受到损害时提供相应的帮助和服务。

> “刚开始也没想成立这样一个组织，其实就是想把这个流动人口聚集起来，在一块，就是说互帮互助这种概念，成立一个俱乐部，像外地人俱乐部这种概念。”(2014 年对“在行动”创始人的访谈记录)

MY 在谈到“在行动”成立时的设想，只是一种朴素的愿望，希望有一个空间让来到北京的外地人彼此之间能够互相帮助。“工之友家园”的创办人 LM，也是因为在长期的打工经历中，看到也亲身体验着打工族在城市中被歧视的现象，认为农民工群体很需要属于自己的“平台”，并由此创办了最初的工人团体，探寻一条能够改善农民工城市生活状况的出路。

> “我自己是 1994 年去南方打工，到 2004 年打了十年工。大概在 2004 年看到了打工的人跟打工的人打架，自

我相残的那种，当时触动就更大了。开始自己在广东那边花了两三万块钱，搞了一个工人的娱乐场所，那个时候我们是叫‘工友之家’，小小的一个工友俱乐部，就是那个样子做的嘛，收点钱，但是不赚钱，能够把房租什么的抵销了。”（2014 年对“工之友家园”创始人的访谈记录）

LM 是在 2005 年拿出了自己的三万元，在鹤山市共和镇工业园区银雨灯饰企业的附近租下了场地，买来了设备，开始以便宜收费维持俱乐部运营的模式创建了“心灵之约蓝吧”试验店，面向广大的工友开放。LM 开始在这个地方与工友群体一起探寻出路，寻找能改善打工生活现状的出路。这时候的 LM，还不知道自己想走什么路，只是在随着自己的心灵，琢磨着做点什么。2006 年，在“心灵之约蓝吧”的实践运作中，LM 接触到了更多关注农民工群体的相关事件，同时也通过网络发现了有相同梦想的人。“新农门网”的负责人、打工青年艺术团的负责人，都在指引着一条走向关注农民工群体的道路。同时，他还发现一个叫“草根之家”的网站，它的创办人是一名叫 XW 的普通农民工，深深地吸引了他。原因是他发现，唯有“草根之家”喊出了一个非常关键的词语：“我们”，意思是我们农民工的“自助互助、自强不息，共同的家园、共同的梦想”。于是，2007 年 LM 来到杭州，参与成立了线下组织“草根之家”。

可以看到，农民工非政府组织在初始阶段，多是为了组建一个属于农民工自己的组织，对于具体的组织职能还没有明确的界定，其心灵慰藉的作用可能大于其他功能。在这一阶段，多数自组织还没有建立起合法化的身份，对开展农民工的维权服务也还处于非专业化的阶段。

第二节　第二阶段：个体维权和服务

一般而言，农民工非政府组织经过一段时间的发展，都会通过不同的注册方式，获得合法身份。有些组织是通过工商注册，机构如果找到挂靠单位，就能够通过民政注册取得合法身份。但是总体上看，农民工非政府组织（实际上也包括其他非政府组织）很难找到挂靠单位，一般都是通过工商注册获得身份。合法身份对于以维权为主要目标的农民工非政府组织来说相当重要，可以使其活动得到政府部门的认可和支持，从而以制度化的方式运作。也只有依赖于合法身份，农民工非政府组织才能正式介入农民工的个体维权和服务活动。

农民工非政府组织成立后，往往是在农民工个体维权和服务需要的推动下，开展参与维权和服务的相关行动。实际上，正是农民工群体在城市生活中的权利受损状况，催生和推动了农民工非政府组织的发展。农民工群体在工作生活中遇到的众多困难，客观上需要在政府部门和群团组织的体制化援助的缝隙之外，得到一定的填充和弥补。比如“在行动”组织在农民工维权中的作用，就是受农民工的维权和服务需求推动的。组织本身成立的目标并不在于提供维权服务，而是农民工的现实需求将组织推向这个方向。

“刚开始没有想到维权这块儿，后来成立后，第一件事就是有个保姆来到我们这边，她想要工资。这是个拖欠工资的问题，然后我们中间有个律师，我们和律师一起去

当事人家里，去了两趟就把钱要回来了。”（2014 年对“在行动”创始人的访谈记录）

北京“小小鸟”打工互助热线开通于 1999 年 6 月，成立后主要为进城务工人员在求职就业、劳资纠纷调解、法律咨询等方面提供无偿帮助。按照创立人 WW 的说法，“每到春节前，来这里求助维权的打工者就特别多。每当我们维权成功时，听到或看到打工的朋友们拿到工钱，我就替他们高兴，也为这份工作责任重大而感到骄傲”。初期发展阶段，“小小鸟”的主要职责就是集中在对个体农民工的维权服务，包括法律咨询、纠纷调解等。

长沙“工之友家园”是 LM 在 2011 年从杭州回到长沙后创办的草根组织。当时考虑到长沙也属于劳动力密集输入城市，在这个群体中也一定有无数个像 XW、LM 这样为整个工友群体健康发展而思考和行动的同行者，来一起搭建一个互助家园。“工之友家园”在长沙落地后，一开始也是接触到农民工的维权和服务个案。当时在湘西自治州工作的田先生，因职业病锰中毒，一直未能得到合理的治疗和赔偿。他的妹妹田玉（化名）为此事在长沙四处奔波呼吁，所有的担子都压在一个柔弱的女子身上，维权之路相当艰难。田玉在接触到“工之友家园”后，逐渐了解到家园存在的意义，联结到一些维权力量，得到比较现实的帮助。在志愿者的帮助下，通过维权新闻事件、不卑不亢地前往上级政府部门合法信访，最后终于争取到应得的合法赔偿。同时，作为职业病维权处理个案解决方法的一次突破，在没有企业承担赔偿之前，由政府部门先期垫付了治疗费用。在整个维权服务过程中，“工之友家园”在问题未解决之前，还组织工友们进行了一次募捐行动，在年底时助力田先生返乡与家人一起幸福过年。这些善意的助力，给予了一直处在痛苦中的受害者及家人一些慰藉与温暖。可以说，在为农民工个体服务的过程中，农民工非政府组织获得了发展动力，也体现出自己的价值所在。

当然，个体维权并非是所有农民工自组织维权之路的第二阶段。对于那些自上而下设立的组织，或者具有丰富资源、开展农民工服务活动的其他非政府组织，在组织成立之初即有明确的目标和诉求，在维权和服务项目中，对农民工个体权益的维护可能就是第一阶段目标。例如，北京“打工妹之家”在1996年成立之时，就已经有了明确的目标导向，就是通过电话咨询与面询的方式，为会员在维权方面解惑答疑，同时提供必要的心理辅导等服务项目，以增强他们的能力和自信心①。

另外，针对个体维权和服务的具体过程，各个机构也给出了不同的答案，主要分为包办型和资源对接型，两种方式对应的是不同机构在组织资源、专业能力方面的差异。

包办型以“在行动”和“小小鸟”为代表，其维权和服务过程如下：（1）接到农民工求助电话之后，了解事件的具体情况；（2）给涉及的企业打电话，尝试进行电话调解；（3）若调解不成，工作人员和律师会随农民工一起，到企业进行面对面调解；（4）多次调解不成后，开始走法律途径，帮助农民工找法律援助律师。可以看出，包办型的维权和服务过程特别突出自组织在维权过程中的“领导”作用，即整个

① 程蹊．从典型个案看农民工 NGO 的建立——基于海南外来工之家、北京打工妹之家的实证对比分析［J］．武汉科技大学学报（社会科学版），2005（2）：17－20.

过程都由农民工的自组织牵头、全程陪伴，并且负责到底。

资源对接型则以长沙“工之友家园”为代表，与包办型不同，“工之友家园”的维权和服务方式是引导和激发农民工的自主性，通过提供获取资源的渠道和信息，来帮助和引导农民工自己完成维权或其他诉求的具体操作和过程。这样做的原因，一方面是因为“工之友家园”属于刚成立的自组织形式，本身也没有什么资源，无法承担完全的代理责任；另一方面是这种方式也可以培育农民工自身的维权意识和维权能力，并能够通过他们影响身边的其他人。

> “农民工一般都是通过朋友介绍，然后我就给他们做相应的培训，而且我个人比较认同这种方法。因为通过这个过程，他要知道很多很多，他会告诉其他人。而不是说像律师一样，我包办了，什么都OK。本来我自己也不太喜欢这种方式。因为我们没有律师资格证，如果是做代理人的话，很有可能很多的个案来了，你也无法代理那么多。只能说，可以跟律师合作。”（2014年对“工之友家园”创始人的访谈记录）

第三节　发展阶段：社会工作类服务

随着机构自身的壮大和农民工需求的不断增多，农民工非政府组织也逐渐意识到农民工在城市中的其他需要，单纯的维权服务无法适应转型社会中农民工群体所面临的多样化需求。在这种情况下，拓宽自己的业务范围，开展社会工作类的服务项目，针对农民工的就业问题、心理问题、社会融入问题、子女教育问题等提供专业服务，也是农民工非政府组织自身发展的重要策略。之所以称为社会工作类服务，原因在于其服务领域和方式与社会工作非常接近，有些非政府组织甚至在行使着社会工作机构的职能，但是其大部分工作人员并非专业的社会工作者，其工作理念和技巧也不同于专业性的社会工作者，因此本书仅称之为社会工作类服务。

从很多案例来看，各种社会组织大量进入社会工作服务领域是在 2010 年左右。出现在这个时间节点，是与当时国家政策的提倡和激励密切相关。2010 年党和国家出台了一个非常重要的文件，即《国家中长期人才发展规划纲要（2010—2020 年)》。纲要中提出要统筹推进的六类人才队伍建设，其中就包括社会工作人才队伍建设。纲要还明确了人才队伍建设的发展目标，要培养造就一支职业化、专业化的社会工作人才队伍。到 2015 年使社会工作人才总量达到 200 万人，到 2020 年使社会工作人才总量达到 300 万人。2012 年初，中央组织部、中央政法委等十九个部委和群团组织联合发布了《社会工作专业人才队伍建设中长期规划（2011—2020 年)》，提出到 2020 年，社会工作专业人才总量要达到 145 万人，社会工作硕士研究生要培养和引进 3 万名。而从现有的社会工作人才队伍来看，2014 年民政部提到的数字，当时我国社会工作专业人才总量只有 40 多万人①，缺口非常大。因此从这之后，社会工作专业、教育、机构和人才队伍等都进入了鼓励性的政策环境，吸引了多方社会力量的加入。

---

① 民政部. 我国社会工作专业人才“缺口”较大［EB/OL］. 中央政府门户网站，http：//www. gov. cn/xinwen/2014 -09/20/content_ 2753541. html.

调查发现，农民工非政府组织的社会工作类服务非常丰富。“小小鸟”打工互助热线除了日常的维权之外，还设立了就业指导项目、城市融入项目和社会公益活动项目，以帮助农民工更好地适应城市生活。“打工妹之家”在开展法律服务、为女性农民工提供心理疏导的同时，通过设立免费图书室、开办文化补习班、设立各类兴趣小组和技能培训等方式提升女性农民工的能力。“在行动”组织则通过直接成立社会工作事务所的方式，将自身业务拓展到社会工作服务领域。2010 年，“在行动”在朝阳区成立了一家民政注册的“在行动”社会工作事务所；2014 年，又在通州区注册了一家北京市众合社会工作事务所。在“在行动”的农民工服务中，一半以上都是工人出身的工作人员，而在社工事务所当中，主要是由社会工作的专业人士来负责。

长沙“工之友家园”创立后，很快就将组织的目标聚焦于社区工作，主要涉及儿童社区教育以及工友图书室活动中心项目。当然，“工之友家园”的组织目标并没有经历长期的转化过程，主要是因为它成立的时间已经比较晚，正赶上了社会工作大发展的时期。家园的核心成员 TY 是一位独自带着孩子在长沙生活的流动儿童妈妈，她能深切体会到这些流动儿童的教育缺失会对孩子一生产生多么大的影响，因此开始把精力放在了儿童社区教育项目的执行上。随着到家园来的流动儿童越来越多，TY 在工作之余来志愿照顾这些孩子已经远远不够，于是她选择了放弃自己本身的工作，开始尝试着在不稳定收入的情况下开展儿童社区教育项目，成为机构儿童社区教育项目负责人。儿童社区教育项目以免费托管的形式，在学校放学后及周六、周日，组织志愿者（以大学生志愿者为主）给孩子们补课，同时进行各类益智活动，陪伴孩子们度过开心的时光。通过这种寓教于乐的形式，扩展孩子们的知识视野，同时增强孩子们自我参与、认知和学习能力，在城市社区打造一个孩子们成长的温馨家园。

可以观察“工之友家园”2012年的重要事件和活动：元月举行首届湖南省农民工春晚；5月举办“五一”劳动节摄影展；6月发起“关注留守儿童、流动儿童”媒体倡导；7月举办首届“工之友”杯泉塘社区象棋大赛；8月与长沙市社会组织孵化中心达成协议，入驻孵化园。支持指导湘籍农民工返乡创业项目“唯一养足堂”落地营业。呼吁出台农民工、弱势群体重大疾病保障体系“活祭”事件媒体倡导。成员第一次走进成都公益交流会工作坊；中秋节举办“百名工友温暖团圆中秋宴”；10月举办儿童呼啦圈比赛；11月举办儿童跳绳比赛。新公民计划支持“儿童社区教育项目”图书馆开馆；12月举办“众人拾柴火焰高、红红火火家园亲”烧烤篝火晚会；12月举办《我是“流妈”》公益微电影摄制等。从这些活动可以看出，“工之友家园”的主要精力用在开展针对农民工群体及其子女的服务活动上，并由此得到政府和社会各界的广泛认可和支持。

为什么以维权服务为主的农民工非政府组织逐渐向社会工作方向靠拢？虽然农民工群体这方面的需求日益突出，但是有专门的社会工作者为其服务，农民工非政府组织又何必越俎代庖？对此，和经纬等人通过对珠江三角洲的农民工非政府组织的研究给出了答案，同样适合对其他地区农民工非政府组织拓展业务内容的解释。为了机构自身的生存，他们采取的策略是“将其活动适当超越维权的界限，扩展到公益福利领域，这种适当的组合可以淡化其维权色彩，并建立更牢固的道义正当性”①。可以说，农民工非政府组织社会工作类服务的产生，一方面是受农民工自身需求的多样性所推动，另一方面则是农民工机构寻求生存和发展的主动应对策略。这种策略在本书下一章还会专门进行讨论。

第四节　成熟阶段：集体维权和服务

近年来，新生代农民工逐渐成为农民工中的主力军。相比于第一代农民工，他们有更强的权利意识。从整体上看，农民工群体利益诉求的主动性不断增加，并且在很多地方出现越来越多的集体争议行为。正如清华大学课题组在“新生代农民工的组织化趋势”的研究中所提到的，为工人维权的非政府组织与农民工群体的互动同样引人注目：近年来，这些非政府组织的工作范围不再仅限于个体法律维权和社区服务，而是开始致力于推动农民工合理有效地开展集体维权活动，这些非政府组织的相关活动对提升工人组织能力、构建群体内部互助网络、培育集体团结意识具有重要意义②。

与个体维权相比，农民工非政府组织从事集体维权工作会面临更大风险。相对于珠三角地区的工人维权组织，北京的农民工非政府组织在集体维权和服务的倡导上显得保守而谨慎，这与不同的政治环境和发展环境是相关的。“在行动”组织在

---

① 和经纬，黄培茹，黄慧．在资源与制度之间：农民工草根 NGO 的生存策略——以珠江三角农民工维权 NGO 为例［J］．社会，2009（6）：1－21.

② 汪建华，郑广怀，孟泉，沈原．在制度化与激进化之间：中国新生代农民工的组织化趋势［J］．二十一世纪，2015（8）：4－18.

这方面的行动策略主要为重在预防，首先是通过巧妙的方法证明自身合法性，比如积极与有关政府机构合作，然后通过各种活动和宣传方式，致力于提升农民工的权利观念和培养法律意识。这样的目标既符合政府部门关爱农民工的需求，也有利于促进农民工群体的组织化。

> “我会和政府一起，比如在北京西站，每年都举办这种大型活动，我们印刷宣传的材料，和政府的工作人员一起去发，为农民工送温暖，我们还配着给他们发一个健康包，里面有手套、毛巾、牙刷、牙膏、口罩等一系列东西，非常实惠，顺便再把一些法律读本发给他。”（2014年对“在行动”创始人的访谈记录）

由于首都特殊的政治和社会环境，北京的农民工非政府组织在集体维权上的行动仅仅停留在农民工集体维权意识的培养上。这种意识是否会引起实际的集体维权行动，还有赖于其他一些更重要的条件。与北京相比，珠三角的社会环境相对宽松，并且容易受到其他组织的影响，因而非政府组织的集体维权行动和服务活动也较为多见。有些机构会根据工人的需要，开展工厂调研、工人访谈、工厂培训等活动，通过实地与工人进行访谈，了解企业在劳动法规和生产标准方面的执行情况，进而对工人进行培训，帮助他们开展协商和谈判活动。总体上看，珠三角地区的非政府组织在推动农民工的集体维权和服务方面相对比较活跃。

事实上，在市场经济条件下，集体维权方式（主要是集体协商，或者称作集体谈判）是大多数国家调整劳动关系的基本手段之一。在西方工人运动风起云涌的过程中，政府和资方逐渐意识到集体谈判不仅有利于减轻劳资对抗，还可以避免同行业间的无序竞争，因此在承认工人结社权的同时，基本上都很快在立法上确认了工会与雇主开展集体谈判的权利。我国自20世纪90年代以来，初步建立起集体协商和集体合同制度的基本框架，包括《劳动法》《工会法》《劳动合同法》和《公司法》等法律文本中关于集体协商和集体合同的法律规定，以及劳动行政部门颁布的《集体合同规定》和其他意见、办法等。特别是在《工会法》中，将平等协商和集体合同制度作为协调劳动关系、维护企业职工合法权益的基本手段之一。中华全国总工会对工会参与集体协商工作尤其重视，2010年开始积极开展"依法推动企业普遍开展工资集体协商"的专项行动，2014年印发《中华全国总工会深化集体协商工作规划（2014—2018年)》，将其作为保障职工合法权益的重点工作。因此，集体维权本身并不属于一个争议问题，真正的问题是应该以一种什么样的方式来进行，即谁是主导力量、谁可以积极参与和发挥作用。

劳动者权益保护的集体化方式是与中国劳动关系从个体劳动关系到集体劳动关系的转型相伴而生的。劳动关系的集体化转型，也是成熟的市场化劳动关系形成的重要特征。常凯教授专门讨论了这一转型以及政府劳动关系政策的完善问题①。从我国劳动关系的发展来看，2008年《劳动合同法》的颁布和实施是我国劳动关系集体化转型的重要契机，为劳动关系的集体调整提供了法律基础。按照常凯教授的说法，《劳动合同

① 常凯．劳动关系的集体化转型与政府劳工政策的完善［J］．中国社会科学，2013（6）：91－108.

法》的实施意义表现在以下几个方面：一是在制度层面为集体劳动关系的建构提供了基础，二是普遍提升了全社会的劳动法治理念，三是提升了劳动者的权利意识和集体意识。在这个转型的过程中，有两种力量和途径，即政府主导的自上而下的建构过程和劳动者自发的自下而上的促进过程。政府主导的自上而下的建构过程，主要是以工会为主体的工会市场化改革和工会市场行为的推进。而劳动者自发的自下而上的促进过程则包括我们所探讨的农民工非政府组织的发展以及农民工自身权利意识的提升。

值得一提的是，上海 SNS 企业工人的抗争是集体维权成功的代表，但是其集体维权的性质又略有不同。上海 SNS 企业工人的集体维权行动有两次，第一次完全自发，工人自己推选领导，维权获得成功。由于第一次的维权成功而建立了自己的组织，并且该组织成功地组织了第二次集体维权。当然，其集体维权成功的策略主要有以下几个方面：首先主动接受上级管理；其次在合法的框架下形成集体压力；最后工人集体行动的指向很有策略性，因为行动是非政治性的，其挑战对象不是地方政府而是企业雇主，其诉求是合法的，其行动是克制的①。上海 SNS 企业工人的集体维权策略为农民工自组织提供了一个很好的参考。其中最重要的一点，是农民工非政府组织要想取得集体维权和服务活动的成功，在目前的政治和社会条件下，必须主动寻求当地工会组织以及有关政府部门的支持。

---

① 吴同，文军．自我组织与遵纪守法：工人依法维权的集体行动策略——以上海 SNS 企业工人抗争为例［J］．社会，2010（5）：121－141．

第五章

维权到服务：行动的策略与扩展

我国非政府组织的发展有着自身独特的土壤和模式，而其中农民工非政府组织的发展尤其要面对特殊的环境和条件。一方面，改革开放后农民工群体的规模日益增大，他们在城市就业、家庭、生活、精神文化和子女教育等领域面临大量的问题和困难，对组织化的维权和服务提出了迫切的需求；另一方面，国家和地方政府的工作重心是经济发展和社会稳定，即“发展是硬道理，稳定是硬任务”，对于难以有效掌控的非政府组织来说，政策的基调长期以来是以限制为主，直到国家开始强调社会管理创新、社会治理创新后才逐渐转变。在这种充满张力的时代环境中，农民工非政府组织会以何种方式求得生存和发展？是否会因迫于环境压力而疲于应付，抑或在夹缝中积极寻求生存和发展？这些都是非常鲜活和现实的问题，从中可以看到不同力量之间的平衡和建构。

农民工非政府组织的行动策略总体上是围绕效率和合法性来展开的。作为市场经济体制下的产物，非政府组织必须在社会服务上突出高效率的特征，否则就失去了组织发展的价值；同时，非政府组织必须发展与政府和其他组织之间的良好关系，确立自身在社会服务领域的合法性身份，否则组织也将无从发展。本章标题选用一个典型策略即“维权到服务”来体现农民工非政府组织在行动方面对效率和合法性的追求，在分析过程中会涉及不同组织策略和关系处理方式的简要分析。

本章讨论农民工非政府组织的行动策略，主要也是基于对以下两种农民工非政府组织的观察和调研。一是由当年的进城务工人员自发组建并发展起来的组织，即农民工自组织，比如2006年MY建立的“在行动”、1999年WW在北京开通的“小小鸟”、2011年LM在长沙市成立的“工之友家园”等；二是由其他社会人士在为农民工维权和服务的过程中创办起来的组织，虽然不属于农民工自组织的范畴，但以服务农民工为主要目标，打上了深深的农民工印记，比如由媒体人士发起成立的组织，具体有1996年创办的“打工妹之家”、2003年成立的“北京市协作者文化传播中心”（后改名为“北京市协作者社会工作发展中心”）等。

第一节　文献与视角简述

关于农民工权益维护和服务提供问题的研究，一般都承认组织维权和服务的重要性。美国学者Wright将工人阶级的力量来源归结为两种：联合性力量和结构性力量，前者是工人通过组织起来利用自身的组织（如工会、政党等）来争取利益，后者是由于自身在经济体系中的位置而形成的讨价还价的能力[①]。对于我国大多数农民工而言，文化和技术上的弱势，以及劳动力长期供大于求的市场状况，导致他们的结构性力量非常微弱，只有联合起来，依靠组织力量才能改变“资强劳弱”的基本格局。

---

① Wright. E. O., Working－Class Power, Capitalist－Class Interests, and Class Compromise, American Journal of Sociology, 2000, 105 (4): 957－1002.

在对农民工组织研究中前文进行的介绍，主要涉及两个大类：一是关于中国工会及其角色的研究，二是涉及农民工非政府组织的研究。多数研究都肯定了中国工会维护工人利益的能力和作用，同时也指出了这方面存在的问题和困境。比如姚先国等人基于浙江省的调查数据，证明了工会在劳动关系中的正面作用①。陈峰认为工会在利用法律手段处理劳动争议的过程中扮演了较为积极的角色，国家为了稳定劳动关系，也支持它们这样做，但是中国工会的特殊角色，造成他们在面对工人集体行动时的尴尬处境，并且基层工会组织常常处于无效状态②。

在工人维权和服务问题上，中国工会毕竟不是全能的，无法以一己之力有效地应对市场转型过程中日益频发的劳动关系冲突、日益增长的职工需求。市场经济时代，非政府组织的产生和发展是顺应时势的，并且逐渐成为社会治理中的一种必要力量。这也符合党的十八届三中全会对社会治理主体多元化的阐述，特别是中央提到的要激发社会组织活力。目前对于农民工非政府组织的研究已有不少文献，比较充分地探讨了农民工组织产生的基础、面对的困境和承担的功能等。比如李尚旗从利益表达角度分析农民工非政府组织的作用和困境③、吴好等

---

① 姚先国，李敏，韩军．工会在劳动关系中的作用——基于浙江省的实证分析［J］．中国劳动关系学院学报，2009（1）：25－30.

② Feng Chen. Between the State and Labour：The Conflict of Chinese Trade Unions' Double Identity in Market Reform，The China Quarterly，No. 176，Dec.，2003：1006－1028.

③ 李尚旗．农民工非政府组织的生存困境及其建设路径——以利益表达为研究视角［J］．北京工业大学学报，2010（4）：6－11.

人探讨的非政府组织面临的问题、职能定位和发展路径等[①]；还有关于农民工自组织的讨论，如王义对农民工自组织社会资本的分析[②]、陈建胜、刘志军对农民工自组织的动力和问题的讨论[③]等。这些研究有一个共同的特点，即将农民工非政府组织作为被动的客体来研究，静态地呈现这一客体及其周边的图景，而未将其视作一个具有创造力的行动主体。最近几年，也有少数研究者开始关注底层工人和工人组织的积极性的行动策略。比如，通过个案研究探讨了边缘草根组织在处理与其他组织关系时的四种行动策略，即拒绝（不愿合作）、避免（不敢合作）、默许（可以合作）和欢迎（积极合作）[④]。和经纬、黄培茹等人以珠江三角农民工维权 NGO 为例，解析了草根 NGO 为生存而采取的一系列策略，包括在意识形态上回避敏感议题、寻求组织活动的道义正当性，以及制造某种国家权威支持与认可的"景象"[⑤]。吴同、文军对上海企业工人的研究，提出了工人会主动采取安全有效的行动策略，即"自我组织"和"遵纪守法"，一方面保证维权行动得到组织保障，另一方面又为行动提供了合法性[⑥]。谢安民提出农民工组织发展的

① 吴好，潘磊，于佳．我国农民工非政府组织的职能定位与发展路径研究［J］．经济体制改革，2009（1）：39－43.

② 王义．城市农民工自组织的社会资本分析及其构建研究［J］．山西大同大学学报（社会科学版），2011（1）：5－7.

③ 陈建胜，刘志军．加入工会抑或成立自组织——关于农民工组织权的思考［J］．人文杂志，2010（5）：147－154.

④ 何艳玲，周晓锋，张鹏举．边缘草根组织的行动策略及其解释［J］．公共管理学报，2009（1）：48－54.

⑤ 和经纬，黄培茹，黄慧．在资源与制度之间：农民工草根 NGO 的生存策略——以珠江三角农民工维权 NGO 为例［J］．社会，2009（6）：1－21.

⑥ 吴同，文军．自我组织与遵纪守法：工人依法维权的集体行动策略——以上海 SNS 企业工人抗争为例［J］．社会，2010（5）：121－141.

“政治嵌入”概念，重点讨论了执政党和政府对农民工组织的介入和影响，同时也提到了农民工组织的反向嵌入即职能嵌入，如协助政府进行社会动员等[①]。这种嵌入性的讨论，主要还是集中在以农民工非政府组织为客体、达到管理和培育社会组织的层面。

本章在现有研究的基础上，借鉴新制度主义的分析视角来考察农民工非政府组织与其生存环境之间的关系，侧重于解析它们作为行动主体在与环境互动时的自主性和行动策略。迈耶和罗恩 1977 年发表《制度化的组织：作为神话与仪式的正式结构》，开创了新制度主义的研究。他们从组织环境的角度来解释组织的趋同现象，认为任何一个组织必须适应环境才能生存。组织环境主要包括技术环境和制度环境两种，技术环境要求组织追求效率，而制度环境要求组织活动具有合法性。两种环境对组织的要求可能会相互矛盾，组织结构的设计往往不是基于效率满足，而是制度赋予的“理性神话”。迪马吉奥和鲍威尔进一步讨论了这一问题，认为组织同形的动力来自竞争同形和制度同形，前者与效率机制有关，后者则强调合法性机制[②]。组织的发展实际上是组织对环境的主动应对过程，组织会在制度环境的限制下保证足够的效率。从新制度主义视角出发，我们可以观察到农民工非政府组织自主性地采取一系列行动策略，在适应环境的过程中实现自身的成长和壮大。从这些组织的发展历程中，我们也可以看到它们在维护农民工权益中

---

① 谢安民．农民工组织发展的政治嵌入——以浙江乐清市“霍邱之家”为例［J］．中共浙江省委党校学报，2014（1）：27－34.

② ［美］鲍威尔，迪马吉奥主编．组织分析的新制度主义［M］．姚伟译．上海：上海人民出版社，2008.

所发挥的重要作用及其局限性。

第二节　效率与合法性的追求

为解决市场经济体制下组织的生存和发展问题，农民工非政府组织必须适应制度环境，确立组织的合法性身份，并保持效率上的优势。从研究的相关案例来看，这种努力大致可以分为三个方面。

一、从维权到服务

组织的目标是组织存在的根本及其价值所在。每一个组织都有自己特定的目标，或者说自己的发展理念和宗旨，它是组织争取和希望达到的未来状态。特定的目标聚焦是农民工非政府组织获得资源、满足技术环境要求的重要前提。

多数农民工非政府组织，无论它的发起人、成立时间有何不同，最初的基本目标都是聚焦于建立一个属于农民工自己的平台，为农民工争取平等的公民权利，提供基本的城市服务，回应了城镇化快速发展时期农民工劳动经济权益受损和面对多种困难的基本社会事实。农民工进入城市工作和生活，成为一个游离在城市边缘的弱势群体。这一群体不仅在劳动经济权益方面受到不同程度的损害，更重要的是他们没有维护自身权益和表达诉求的基本渠道，也不能享受基本的城市社区服务。这是很多农民工非政府组织创办的最初动因和社会环境。例如，“小小鸟”的创办人 WW，是一位河南在京务工的青年，他在北京漂泊多年，为他人打过工，做过小买卖被骗，因为亲身经历的生存困境而想到要成立一个打工者的自助机构，为进城务工人员提供一个公益性的服务平台。“工之友家园”在长沙落地的时候，最先接触到的也是一起职业病患者的维权个案，并在这个维权过程中充当一个互助的平台。可以说，维护农民工的权益成为多数农民工非政府组织证明自身价值的一面旗帜，以此获得其服务对象的认可，并争取到其他社会力量的支持。

在农民工非政府组织的正式化和发展壮大的过程中，组织的目标也经历着一个多元化的过程，由侧重于对劳动权益的维护逐渐扩展到促进社区融入、宣传教育、技能培训和农民工子女教育服务等更加多样化的服务目标。和经纬、黄培茹等人的研究也指出了农民工非政府组织的这一策略，即将其活动适当超越维权的界限，扩展到公益福利领域，从而淡化维权色彩，建立起更牢固的道义正当性①。事实上，如果农民工组织的主要任务集中于维权问题，那么在问题无法得到有效解决的情况下，很可能会导致矛盾和冲突的出现甚至升级，其结果是造成农民工非政府组织与地方政府的关系处于紧张状态。因此，从维权到服务以实现组织目标的多元化，能增加农民工非政府组织的灵活性，使农民工组织更好地适应农民工群体在城市社会中的多样化需求，同时也为自身的发展拓展更多的资源，创造更宽松的制度环境。

“小小鸟”经过几年的发展，在深圳、沈阳和上海等地设立了分支机构，服务内容除了维权工作、法律咨询热线之外，还包括就业指导、广播节目、融入城市项目、社会公益活动等，其中不少项目也是地方政府管理部门希望借助社会力量来

---

① 和经纬，黄培茹，黄慧．在资源与制度之间：农民工草根 NGO 的生存策略——以珠江三角农民工维权 NGO 为例［J］．社会，2009（6）：1－21.

实现的目标。如前文所述，“在行动”“工之友家园”等组织都将业务拓展到社会工作服务方面。“工之友家园”的儿童社区教育项目，主要涉及童心童趣图书室、四点半补习课堂、儿童兴趣培养益智小组、暑期夏令营以及社区儿童大型活动等。服务内容的扩展，使农民工非政府组织得到了更多的社会资源和多方支持。“工之友家园”的负责人 LM 曾先后被评为“杭州市江干区十佳优秀志愿者”、“湖南十大杰出青年农民工”、湖南省学雷锋优秀志愿者，并被共青团中央评为“全国优秀青年志愿者”，还得到时任湖南省委书记周强的亲切接见。

二、结构与文化整合

农民工非政府组织很多都是草根组织，其成立和发展过程都是比较艰难的。从技术环境来讲，农民工组织的资源和信息不足，同时组织内部的稳定性较低，员工离职率相对较高。“北京协作者文化传播中心”经过十多年的发展，目前仅有十几名工作人员，但每年都有员工离职，离职员工的工作时间一般不超过三年。高离职率给这些非营利性的农民工组织带来很大的发展压力。对于离职原因，一些员工认为是工资不高。在 2014 年前后，组织中的工作人员每月工资只有两三千，在北京这样的高消费城市很难养活自己，更别说贴补家里了。用他们的话说，“家里人都希望我们读完大学能找个好工作养活自己，但是在‘协作者’真的很难”。另外一个原因，是这些农民工非政府组织的生存环境比较艰苦，社会的认同度也比较低，让身处其中的工作人员感觉看不到发展的前景。

面对这些困难，农民工组织不仅要尽力争取资源和创造更宽松的社会环境，这是后面提到的合法性努力，而且要努力整合自身的团队，通过特定的组织结构和管理方式，确保组织稳定和组织运作的最大效用。对于农民工非政府组织来说，项目和任务繁多，而专职工作人员十分短缺，很多事务需要依靠大量的志愿者来进行。因此，组织结构、管理方式和组织文化的设计，必须致力于最大限度地发挥工作人员的主动性和自主性，以此凝聚人心，并使组织效用最大化。“在行动”“小小鸟”和“北京市协作者文化传播中心”等组织的结构基本上都呈现扁平化和网络状特征，对工作人员的管理倾向于自由化。“北京市协作者文化传播中心”目前主要分为三个部门：社会工作服务部、社会项目策划部和信息网络宣传部，每个部门有一名主要负责人。各个部门之间分工协作、分工负责，项目策划大家集体出主意，决策的时候群体决策、民主集中。强调员工的参与和自主性，成为农民工组织的一个重要整合力量。一位“协作者”工作人员说道：

> “团队力量在‘协作者’中是一股看不见的强大支持力量，它是我们工作信心的力量源泉，它越来越深刻地融入每个工作人员对服务对象的认识、对组织的认识中，尤其在我们年轻的工作人员身上。”（2012 年对“协作者”工作人员的访谈记录）

对于成立不久的“工之友家园”来说，这种特征同样比较明显。“工之友家园”每周六都会有一个碰头会，在碰头会上，每个参加者可以自由发言，无论是志愿者还是工友，每个人有什么想法都可以自由说出来。正是这种扁平化的组织结构和自由、参与的管理方式，强化了组织员工对自身价值的感知，使农民工非政府组织在极为艰苦的条件下能够得以稳定地运行并逐步扩大自身规模。

在组织整合的过程中，组织文化也是不可缺少的一部分，特别是对于资源缺乏的农民工非政府组织来说尤为重要。“协作者”应对员工高离职率问题的另一种力量，即组织对于团队文化建设的重视。“协作者”在工作中会定期开展团建活动，每一名工作人员都会在团建活动中感受到团队的力量。有工作人员这样表述：

> “时间在变，很多事情在变，但是‘协作者’独特的团队文化没有变，对任何一个队友不离不弃，无论风雨都互相扶持、互相信任、共同前进。团建结束后，我们重新回归到日常的工作中去，不同的是对工作的目标更加清晰，对队友更加了解，对团队更加信任。”（2012 年对“协作者”工作人员的访谈记录）

在长沙“工之友家园”中，专职人员 TM 也有类似的表述，她强调的是组织的平等参与氛围让大家更易于协同合作。

> “吸引我专职加入‘工之友’的就是这种自组织平等参与的氛围，在单位和工厂都是领导说话，我们只是执行，而‘工之友’正好相反，在这里只要你想做，就给你机会，大家都会来配合你。”（2014 年对“工之友家园”工作人员的访谈记录）

很明显，农民工非政府组织所发展出来的包含有平等、协作、关爱、责任等关键词的团队文化和群体关系，是这些组织区别于其他正式组织的一大特色，是一种与资源短缺相对应的正面力量，维系了组织的稳定和发展。

三、身份合法化诉求

合法化是农民工非政府组织成立过程中所面对的实际困难之一，并且部分地区由于这一原因，导致组织在经济资源的获取方面同样困难重重。经济资源的获取属于组织发展中的技术环境，但是从某种程度上来说，技术环境也镶嵌在制度环境中，即制度环境对组织的约束程度，会影响到组织的资源获取、机构自主性、社会承认等多个方面。因此，组织对合法化身份的追求，不仅是要适应当前的制度环境，获得政府和民众的信任，而且也是为了应对组织生存和发展所必需的资金问题。

合法身份问题来源于我国非政府组织一直实行的双重管理制度，即业务主管单位和民政部门，其中非政府组织需要找到自身的业务主管单位，民政局才会予以登记。一些农民工非政府组织由于涉及维权问题，在现实中很难找到业务主管单位，因而不满足民办非企业单位的登记条件，多数最后选择了工商注册。工商注册的方式是很多农民工非政府组织在无法成为社会团体身份情况下的一种权宜之计，会造成组织在相关活动中存在一系列的困难，比如不能享受税收优惠、捐赠要按规定纳税等。身份合法性的连带问题是资金来源问题。农民工非政府组织的资金来源往往是政府项目、经营性收入、募捐收入和捐赠收入等，如果身份不合法，不仅得不到政府购买服务的资金，而且其他收入来源也会陷入不合法的境地。比如，北京市民政局在《关于2013年利用福利彩票公益金资助社会组织开展公益服务项目的通知》中明确指出，申报项目的社会组织应当是依法登记的社会团体、民办非企业单位和基金会，而将没有登记或者在工商登记的非政府组织排除在外。

因此，合法化是农民工非政府组织在生存和发展中的关键诉求之一。高丙中将社会团体的合法性区分为社会合法性、法律合法性、政治合法性和行政合法性，并从社会合法性、行政合法性、政治合法性的层面解释社团何以能够在与法律不一致的情况下“正常”地存在并开展活动①。本章所指的合法化诉求主要是指法律上的合法性，毕竟这些农民工组织的存在，特别是已经进行了变通形式的工商注册，已经具有了一定程度的社会合法性等。“协作者”2003 年工商注册后，也一直在为民政注册而努力。2010 年经过民政部门的多次实地调查，终于获得了民政注册的身份，并改名为“北京市协作者社会工作发展中心”。农民工组织在获取合法身份上的努力，可以从其对政府关系的重视方面得到反映。比如“小小鸟”的创始人 WW 一直强调，尽管草根组织注册困难，但若是想发展长远，必定要得到政府支持。

2011 年 2 月，北京对直接参与经济社会管理和民生服务的工商经济类、公益慈善类、社会福利类、社会服务类等四类社会组织实行民政部门直接登记。民政部门既是登记管理部门，也是业务主管单位，社会组织找业务主管单位难的问题得到有效破解。2012 年 5 月，广州市也全面放开社会组织，各类非政府组织可以直接登记，包括行业协会、异地商会、公益服务类、社会服务类等在内的社会组织均可直接向民政部门申请登记。政策改进为农民工非政府组织的合法化提供了极大的

---

① 高丙中．社会团体的合法性问题［J］．中国社会科学，2000（2）：100－109＋207.

便利，进而促进了组织的社会认可度，为组织的资金来源打开了更广的空间。

四、行动策略小结

在中国的社会环境下，农民工非政府组织——无论是自组织还是以服务农民工为主要任务的其他组织，都面临着一些共同的问题与困境。从新制度主义的视角来看，主要是制度环境的适应问题和技术环境的资源问题。就这两类问题而言，不同维权和服务组织之间的差异并不十分明显。从时间脉络上看，农民工非政府组织在成立之初的主要任务是获取资源，特别是积极寻求国内各种基金和相关政府部门的支持；而在持续发展和扩大影响力的过程中，特别是近几年随着国家对社会建设的日渐重视，农民工非政府组织的主要任务开始转向合法性诉求，积极应对制度环境的变化。

以往的研究都将农民工维权和服务组织作为被动的客体来分析，没有看到组织在适应环境的过程中所呈现出来的灵活性、积极性和主动性。作为草根组织，多数农民工非政府组织都需要在较强的环境限制下主动求生，它们的生存和发展属于一种内在驱动的自主行动，其表现方式即为前文所介绍的三种主要策略。维护农民工群体的权益、开展多元化的农民工服务项目，是农民工非政府组织的生存之本，一方面适应了农民工群体的迫切需求，圈定了基本的服务群体；另一方面适应了政府部门在公共服务方面对社会组织的需求，发挥了特定的社会功能。在此基础上，农民工组织都会追求一个最有利于自身发展的合法身份，它会为组织赢来社会的认可，拓展服务的内容和空间，也拓宽资源和信息的获取渠道。此外，针对组织自身的发展和效率问题，农民工非政府组织必须在有限的资源条件下，通过开放、自由、参与的架构、文化和管理方式，保持组织结构的稳定和高效的运作方式。

组织化维权是农民工权益维护的主要方式。尽管工会维权是农民工组织化维权的主体部分，但农民工非政府组织也成为市场转型时期工人权益维护的必要补充。相对于工会组织、社会公益组织的维权来说，农民工非政府组织特别是农民工的自组织，是最草根、最贴近农民工个体、最懂农民工现实需求的服务机构，在开展农民工服务活动的过程中具有天然的优势，并且一直保持着主动适应环境和改变环境的蓬勃活力。从其发展策略来看，目前农民工非政府组织的主要努力还在于如何应对环境的约束，但在未来国家推动社会治理创新，越来越重视社会组织作用的制度环境下，农民工非政府组织的主要目标将在于最大限度地利用资源，为自身开展维权和服务活动创造出更大的空间。

第三节　维权与服务中的关系处理

在组织的发展环境中，有几对关系非常重要，需要进行专门讨论。在维权和服务过程中，农民工非政府组织不可避免地要与政府部门、工会组织以及其他非政府组织发生联系。其中，与政府相关部门的联系是最重要的，也是不容回避的方面。在与工会组织的关系上，二者在维护农民工劳动经济权益和提供服务项目方面具有目标一致性，但实际关系需要看二者之间的互动状况。相对于前两种组织机构而言，农民工非政府组织与其他非政府组织的关系更具有平等性和合作性。

一、与政府的关系

农民工非政府组织与政府保持良好的关系是其获得合法性和资源支持的重要方面，对于组织自身的生存和发展来说都具有重要意义。

关于非政府组织与政府部门的关系，很多学者都有相关研究。周军、唐兴霖等人在其文章中提到，我国非政府组织与政府之间存在着不对等的合作关系①。何晔、安建增则将非政府组织与政府的关系分为三种类型：合作性互补关系、民主性互动关系和机制性承接关系②。无论是将非政府组织与政府部门的关系归为何种类型，研究者大都倾向于政府部门与非政府组织之间不应该是对立的，而应该形成一种非对抗性的制约关系。

从目前的现实看，我国的非政府组织，包括农民工组织，与政府部门的关系还处于一种不平等的合作关系。这种关系的根源在于非政府组织目前生存和发展中的艰难状况。非政府组织既需要从政府部门获得相应的资金和项目支持，也要从政府部门的认可中获得合法身份，借助政府的公信力来开展活动，提升自身知名度。我们在访谈过程中发现，农民工非政府组织的负责人与政府相关部门建立联系完全是一种自愿的行为，并且被认为是必需的行为。这是特定的社会制度环境所造成的，不与政府部门建立关系将会导致组织难

---

① 周军，唐兴霖，赵俊梅．我国非政府组织与政府间的关系——以草根环境 NGO 为例［J］．理论探讨，2008（6）：141－144.

② 何晔，安建增．论和谐社会中政府与非政府组织的关系［J］．陕西理工学院学报（社会科学版），2006（1）：15－19.

以获得合法化的身份而无法有效地开展各项服务活动。“在行动”组织在开展社会工作服务的过程中，就对政府有很大的依赖。

> “（接触的）各个部门都有了，一般是民政部门比较多，民政局、社工委、社会办、社区办，还有就是法制办。他们逐渐意识到社工的存在帮助他们解决了很多问题，他们也把活让社工来干，我感觉在这方面北京政府基本上算很好了，目前我接触的几个政府都还可以。”（2014年对“在行动”工作人员的访谈记录）

不对等的合作，以及政府部门对于项目运作所提出的繁杂要求，也导致农民工非政府组织在与政府机构交往时还存在一种矛盾的态度。在需要政府部门支持的同时，这些组织对于政府部门的合作项目也有一定的抗拒性。主要原因在于政府部门很多时候对合作缺乏足够的热情，以及政府部门对于合作项目会在文字工作方面有很多要求。

当然，从总体上看，尽管可能存在这样那样的问题，但农民工非政府组织与政府部门之间的合作和互动是一直在不断地向更频繁、更密切的方向发展的。这种趋势不仅是农民工非政府组织生存和发展的需要，也是政府部门改善民生服务、提升治理水平的需要。

二、与工会的关系

农民工非政府组织开展的针对农民工群体的权益维护和服务类活动，与工会组织的基本职责具有一致性。从这个意义上说，农民工非政府组织可以与工会组织形成良好的互动和合作关系。如果二者能够在维权和服务工作上展开合作，那么工会组织在直接接触农民工群体上的劣势，可以通过农民工非政府组织得到一定程度的弥补，而农民工非政府组织资源不足、维权和服务力量不足等劣势可以通过工会组织得到相当大的改善。

在北京和其他一些地方，农民工非政府组织与工会的关系相对并不紧张，但是彼此的交往和互动比较少，处于一种相互不太了解的状态。在对“在行动”组织的访谈中，我们发现负责人 MY 对工会组织有不少看法，他认为工会组织不屑于和他们开展合作，同时他认为工会有意愿去做一些事情。尽管 MY 对工会组织的作用持质疑的态度，但是目前“在行动”所设立的社会工作机构，已经和工会组织开展了一定程度的合作，这些合作项目主要集中在社会工作服务层面，基本不涉及农民工维权的内容。

> “现在我们朝阳区已经和工会合作了，还有北京市总工会的温暖基金，我们现在已经有很多个项目在合作，合作内容大多以服务型为主，没有维权这块。我们现在也在探索，看能不能合作，为工人维权这块走出一步两步。”（2014 年对“在行动”工作人员的访谈记录）

2011 年我们在“打工妹之家”开展访谈活动时，该机构的一位律师对工会组织的态度相对积极。他从自身接触的案例出发，对工会组织的维权作用给予了积极的评价，但是他对工会组织的了解还是比较有限，也没有与工会组织有过多少直接的联系和沟通。

“我们救助过一个打工妹，她是做家政的，在工作中突发疾病，家政公司也按照工会的要求组织了相应的家政工工会，所以说他们也通过工会的这个帮扶系统，给家政工争取了几千块钱的救助金，所以说组建工会对这些弱势群体来说还是很有帮助的。”

“我们这边跟工会还没有比较明确或者直接的沟通，我不知道除了关注一般的劳动争议这块，（工会）关不关注家政工或者非正规就业的劳动争议。”（2011 年对“打工妹之家”工作人员的访谈记录）

在我们了解长沙“工之友家园”是否与工会组织联系，一起开展维权和服务方面的工作时，LM 讲述的经过非常有趣，其中体现出来的是工会组织对于自身代表权的强调，以及希望将农民工非政府组织纳入自身体系的努力。一些农民工非政府组织也没有很强的意愿去和工会组织加强联系，担心会受到工会组织的束缚。

总体上来看，农民工非政府组织与工会组织之间的关系仍然处在探索和发展过程中。目前很多问题的出现，主要原因是双方还不够了解，相互之间心存疑虑、缺乏沟通。在逐渐增加了解和互信的基础上，两类组织之间的合作共进必然会得到快速发展，并且有利于推动农民工维权和服务工作的创新发展。

三、与其他非政府组织的关系

相对于和政府、工会的关系，农民工非政府组织与其他非政府组织之间的联系更为紧密，在性质上表现为平等、合作和相互支持的关系。尽管农民工非政府组织有自身的特殊性，主要是以农民工群体为服务对象，并且创建者多数原本就是农民工，但是在我国目前的社会背景下，农民工非政府组织与其他非政府组织在资金来源、机构运作和发展条件等很多方面具有很大的相似性，本质上都是政府在社会建设中可以依靠的社会力量。党的十八届三中全会通过的《中共中央关于全面深化改革若干重大问题的决定》在改进社会治理方式的表述中，就强调坚持系统治理，加强党委领导，发挥政府主导作用，同时鼓励和支持社会各方面的力量广泛参与。

从调研情况来看，一般相对弱小的农民工非政府组织会向发展比较完善、实力相对强大的组织或其他非政府组织寻求帮助，后者会在技术、人员和方法等方面提供相应的援助。甚至许多刚创立的农民工非政府组织，其创立人原本就是其他农民工非政府组织或者其他非政府组织的工作人员。从这个意义上说，农民工非政府组织与其他组织之间有着一条隐形纽带，共同的奋斗目标把不同地区的各个组织紧密联系在一起。在与其他非政府组织的平等交往中，农民工组织能够坚定其做公益人的信心，扩展信息来源，获得资源支持，提升专业能力，从而实现比较稳健的长久发展。

对“在行动”的访谈中，我们发现，相同目标的农民工非政府组织之间基本上都有联系，部分组织之间关系非常密切，能够在需要的时间提供不同方面的资源支持。

“我和全国劳工机构几乎都有联系。比如说LM（长沙‘工之友家园’的负责人）那边。全国的我几乎都认识、熟悉，偶尔也在联系，但是合作最多的是DY（一位为工人提供维权服务的律师）。（与其他组织）邀请他们给我

们做一些培训等，包括请他们帮我们代理这个案子。”(2014年对“在行动”工作人员的访谈记录)

当然，农民工非政府组织并非与所有非政府组织都有联系。对于那些不以工人权益维护和服务提供为目标的组织，相互的交流比较一般。由于服务对象不同、服务领域不同，甚至是组织规模和组织结构都不同，农民工非政府组织与其他组织之间也存在一定的沟通困难。长沙“工之友家园”的LM表示，他认识很多非政府组织的负责人，但是很少联系，偶尔会向发展更完善的组织求助。由于服务对象和理念的不同，导致与很多非政府组织缺少共同话题，无法深刻理解对方的追求。另一负责人TY提到不同组织在一起开会或培训时也不会过多交流，因为没什么内容可以交谈。

LM：“有联系的，联系最多的是北京的‘工友之家’，但是交流的时候会出现一个状况，不是说我们不够包容和开放，而是我们觉得如果把这些东西渗透得太多，对我们的机构有可能（不利），因为我们是专属于工人群体和儿童教育这一块的，我们不想太杂。有可能按照传统的慈善的说法，他们也不知道我们到底要坚持什么，可能他们真的也不明确，我们到底想坚守什么。我们跟他们的公益组织是有不同的。”

TY：“会有一些交流啊，就像我们参加西安的那个会。像交流会的时候你会认识很多，包括有很多背景的（组织），这还仅仅是教育的……会一起培训……但没什么可以谈啊，方向不一样嘛……”

第四节　组织行动中的困境

从农民工非政府组织采取的发展策略及其所拥有的社会关系中，也能发现它们在维权服务和发展过程中存在的诸多困难。目前关于非政府组织发展环境的研究成果已经相当丰富，很多因素对于农民工非政府组织来说也是同样适合的。我们在实地收集资料的基础上，从政府、组织自身和公众认知的角度，阐述农民工非政府组织在自身发展以及开展维权和服务活动中存在的问题和困难。

一、政府支持不足

尽管国家在政策上不断突出和强调了社会组织参与社会治理的话语，但从现实的发展状况来看，农民工非政府组织在发展过程中仍然受到来自政府等方面的限制。比如不少农民工非政府组织很难完成民政注册，转而以工商注册的方式来寻求组织自身的合法性。“工之友家园”于 2011 年 9 月份在长沙成立，2012 年提交申请，但是直到 2013 年 8 月初才正式在民政部门登记注册成功。

政府对于农民工非政府组织的支持，主要集中在组织所开展的社会工作服务方面。这在“在行动”组织中得到明显的表现。政府部门提供不少服务项目由“在行动”的社工服务机构来承担，但是对于组织开展的农民工维权服务活动相当谨慎。这方面，北京市的支持力度也要强于湖南这样的中部省份。这种选择性的支持，事实上还是源于政府部门对维稳的高度重视。

"其实我们现在转型，通过社工做工人的事务。刚开始的时候，政府不放心，跟我们谈的时候，就说让我们尽量不要做。比如说我们朝阳的社工机构也都在做流动人口、农民工的事情，比如说找保安保洁呀、做流动女性呀、做流动儿童等，都是从侧面提升工人意识和法律意识。"（2014 年对"在行动"工作人员的访谈记录）

近些年来，中央政策和地方政府出台的一些相关条例，都对农民工非政府组织的活动开展和组织发展打开了空间，提供了难得的机遇。但是一些问题仍然存在，比如社团登记注册的准入门槛太高、登记程序较为烦琐。以 2014 年颁布的《广州市社会组织管理办法》为例，对于非政府组织的合法登记注册要求甚多，比如要求社会团体会员数量不得低于十五人，这对于很多农民工非政府组织来说都是难以达到的要求。

二、组织自身局限性

对于农民工非政府组织的局限性，我们主要考虑它能够获取的外部资源以及组织内部的人力资源条件。

首先是资金严重不足的问题。无论是"在行动"还是"工之友家园"，它们开展农民工维权和服务活动的资金，大多来源于一些公益基金会。但是这种基金会的资金支持往往缺乏稳定性，随时可能由于基金会自身资金不足或者基金会转型而撤资，也有可能会受到政府部门的严格限制。"在行动"的资金主要分为两块，一块来源于国内政府购买服务，用于社会工作事务所的相关工作，开展社会服务；另一块来源于一些基金会赞助，用于和农民工相关的内容，开展维权和服务活动。

比较来看，针对工人方面的资金不稳定，社会工作服务方面的资金比较充足。MY 表示，北京市在社会工作服务上的相关资金非常充裕且每年递增，但涉及农民工服务的一些项目资金却没有保障，具有不稳定及不确定性。

> “社工这一块资金全部来源于政府，政府购买服务，有北京市政府、区政府、街道、社区，当然还有一些基金会和企业也在购买……实际政府这块越来越多，一些基金会提供得越来越少……国内社工这块非常充裕，说白了，一年比一年多，一年比一年翻倍，够花了。但是以往一些基金会的支持，怎么说，就像是有一顿没一顿的样子，对，你要找着了就能坚持一段时间，找不着了就很难坚持。”（2014 年对“在行动”的访谈记录）

“工之友家园”负责人之一的 TM 也表示，基金会方面的资金并非是稳定的，需要每年申请，而且是否能够申请成功都是未知的。另一机构负责人 TY 在访谈中提到，资金短缺问题可能还会导致工作人员的缺乏，影响实际工作的开展，束缚了组织的可持续发展。

> “（组织希望再招一个全职人员）人员是不够的……每个家庭都要生存下去，因为这个费用基本上没有，或者说很少，如果全职来做的话，在没有得到钱的情况下，就不可能每个人都像 LM 那样。我自己垫了（钱）之后，万一没做成呢……”（2014 年对“工之友家园”工作人员的访谈记录）

其次是人力资源不足的问题。这包括两个方面：一是工作人员专业知识方面的欠缺。对于农民工非政府组织来说，无论是创始人还是工作人员，多数都是从农民工中走出来的，教育程度普遍不高。二是专职工作人员数量不足，并且组织内工作人员的流动性很大，很多工作都是由兼职人员或志愿者来完成的。但兼职人员和志愿者的时间与参与度具有不确定性，一定程度上会影响许多服务活动的正常开展。

对于不同的非政府组织来说，在人力资源培训上的机会并不相同。北京市对农民工开展的各类培训相对较多，资源充足，这对于提升非政府组织工作人员的专业能力是有很大帮助的。而在湖南这样的中部省份，组织中的工作人员能够得到的培训机会就相对较少。下面是在长沙“工之友家园”和北京“在行动”对于培训资源方面的不同描述。

“后来我们得到了中国人民大学温铁军老师（的支持），让我们跟着他们去参加培训。我们都没上过大学，我初中、中专也没毕业，XW跟我俩学历都差不多。刚开始只是心里面想做这么一件事情，没有概念，什么NGO、什么公益。有些我们想知道的也没办法，没有地方去知道。最好是给我们一些专业的书、服务书之类的。”（2014年对“工之友家园”工作人员的访谈记录）

“2004年之前，我们一直是一帮人在稀里糊涂小打小闹，也不知道怎么协同合作，也不知道什么叫NGO，也不知道哪里有资助。基金会的一些项目大部分都集中在法律法规、培训、集体谈判、工人建设、工人团结、工人代表这些方面。比如我们具体的项目有搭建大兴区纺织女工法律服务平台项目、培训大兴区纺织女工集体

谈判意识提升项目。”（2014 年对“在行动”工作人员的访谈记录）

在机构运作过程中，专业知识以及一些必要知识和技能的不足，对农民工非政府组织的正常运作以及扩大自身影响都会产生一定的限制。现代社会信息技术发达，很多活动需要通过网络等现代传播手段进行宣传和运作，但是组织内部人员知识能力有限，因而很难满足快速发展的信息时代的需求。在对“工之友家园”的访谈中，了解到组织承担了一个儿童项目，需要工作人员将儿童们平时的活动做成一个小视频向大家展现，但是这项技术对于工作人员来说却是一个很大的难题，需要花费大量的时间。

专职工作人员不足和流动性较大，也是制约农民工非政府组织开展维权和服务的重要因素。在“工之友家园”，资金不足也导致了工作人员的不足。我们访谈的时候，个别新进工作人员的工资问题仍然没有得到解决。LM 与 TY 两位负责人表示，他们许多活动都需要专职人员运作，但是由于现阶段专职人员的缺乏，只能是兼职人员或是志愿者来替代。对于“在行动”而言，由于北京市的资源相对丰富，人员缺乏问题不太严重，但是组织也面临另外一个问题，就是低工资水平导致组织内人员流动性较大，员工离职率较高。当然，近年来随着工资福利的增加，离职率也逐渐有所降低。

“我们现在也有这种想法，就是希望有一到两个很专业的社工人才进来，跟我们一起携手来做。但是这样的人进来的时候就要很高的工资，我们现在项目里面还没有这个费用的话，就承担不了……”（2014 年对“工之友家

园”工作人员的访谈记录）

“当然啊，几乎每年都有人走，一般大家在这里工作两到三年的样子吧。工资低、环境不好、说出来大家都不知道你在干啥，这些都是原因。所以我们现在一般都不要实习生，我们还要花好大的精力去培训。我们现在选人都很慎重，当然现在工资高了、福利也好了，其实我们机构的社工工资已经算挺高了，至少够在北京生活。”（2014 年对“在行动”工作人员的访谈记录）

三、公众认知偏颇

在北京以及其他农民工聚集的城市，都存在为数众多的农民工组织形式，包括缺乏正式组织结构的非正式团体，也包括从自发组织逐渐走向正规化、制度化的农民工非政府组织。从实际效果来看，基于地缘、亲缘关系的非正式团体可能在农民工的维权和服务上起到更大作用，在前文关于农民工求助对象的统计数据上能体现出这点。大多数农民工还是依赖亲缘和地缘关系来解决生活和工作中遭遇的困难。但从社会影响来看，正式的非政府组织要比非正式团体具有更大的影响力。而且目前只有那些发展较好、规模相对较大的农民工非政府组织，比如“小小鸟”“在行动”和“工之友家园”等，才具有一定的知名度和影响力，很多小规模的农民工组织并不为公众所熟知。

在前文中，我们已经阐述了政府和工会组织对于农民工非政府组织开展维权服务活动的认知和态度。政府的重点关注在于维稳，工会组织则强调自身代表农民工群体行使维权职责的唯一合法性。相对于十几年前来说，政府和工会组织已经具有一定的包容性，给农民工非政府组织留下了生存发展空间，但是这种不支持甚至是怀疑的态度，也使它们在农民工的维权问题上很难再取得较大的发展。

除了自上而下的压力因素，从社会层面来看，这些农民工非政府组织获得公众认可的过程都相当艰难。这或许是因为从整体上看，我国公益事业的发展程度不高，宣传力度不够，公益活动和志愿服务等社会认知度也不高。本书关注的北京“在行动”和长沙“工之友家园”，都存在这样的问题。北京“在行动”在建立初期就遭遇无人问津的尴尬局面。MY 回忆，“在行动”在成立之初，几乎没有人知道这是干什么的，当时基本上是依靠朋友的朋友相互介绍。包括后来发展的维权服务热线，最初也很少有人拨打，大多数人还是在走投无路的情况下抱着试一试的态度打通电话。

> “以前谁知道这个，包括我们自己，都不知道什么是NGO，不知道还有专门帮助人的组织。现在刚刚开始服务，很多人说我们是传销组织，工人们就根本不相信，还有免费提供这，提供那，一分钱不收的？”
>
> “一般情况下来我们这儿的，都是各种正规渠道都想完了，如果有一点希望，都不会来我们这儿。”（2014 年对“在行动”工作人员的访谈记录）

长沙“工之友家园”也同样有这样不被公众认可的尴尬经历，并且和“在行动”一样，在创立之初也被大家认为是传销窝点。人们都不知道自组织是什么，也没有人相信会有组织免费给他们提供帮助。公众甚至认为他们创立这个组织一定是带着不可告人的目的。

LM："甚至是那些社区的人说我不务正业，甚至说我们这些人不干好事。做什么事情是没有任何支持的。"

TY："以前这里就是（被看作）传销窝。相信度就是没有那么高嘛，除非我的朋友，他本身就认识我，觉得我这个人不是坏人，那么我来的地方可能就不是什么坏地方。但是从一个陌生人来认识的话，这个时间可能要长一点。后面也有很多工友给我们讲，其实我好早就来这里转啊转。他们在关注，但还是不相信。或者说他就看了一下没进来。然后大家都进来了之后，才觉得都进来了肯定就是好的。人都是这样嘛，包括吃饭到哪里都是这样的，没一个人吃饭，那家店里就没一个人去。"

此外，在农民工非政府组织的维权和服务行动中，也必须考虑资本方即企业的认知和态度。从劳动关系矛盾和冲突比较频繁的珠三角地区来看，企业对农民工非政府组织的态度是不友好的，甚至是有敌意的。农民工权益受侵害往往是劳资双方利益冲突的结果，维权和服务行动本质上是劳方对资方做出的对抗行为。在劳资双方的博弈中，资方通常具有相对优势的经济基础和资源支撑，一般也能得到地方政府更多的支持。如果资方在农民工维权行动中坚持不妥协，双方的僵持状态会对农民工非政府组织产生更多不利的影响，因为结果可能会引起政府的限制和干预，以及组织内部维权信心的丧失。有些企业甚至以解雇等方式相威胁，禁止工人参与到非政府组织的维权行动中，通过多种手段分化维权力量。还有更极端的情况，比如在广州曾经发生的事件，企业对向农民工公开宣传维权知识、组织维权行动的非政府组织工作人员采取报复行动。企业的这些态度和行为，将农民工非政府组织视作自己的对立面，而不是将其作为开展集体谈判、需要给予尊重的对手，给农民工非政府组织的维权和服务行动制造了很大的阻力，也不利于推动实现员工和企业合作共赢的目标。

第六章

多元与整合：多重力量的建构

农民工的维权和服务是当前我国工业化、城镇化过程中遇到的一个无法回避的重要问题，也是目前我国城市发展中需要关注的重大问题。农民工群体已经成为我国产业工人的重要组成部分，在我国工业化和城镇化的过程中作出的贡献和付出的牺牲都很大，但在劳动经济权益上却屡屡受到侵害，大量社会服务需求也很难得到满足。在市场经济条件下，政府已经不再有全面的社会控制力来管理全部的社会事务，维护劳动者的权益必须要发挥政府的主导作用，推动群团组织和各类社会组织共同参与，形成多元化的服务体系。对于农民工的自我组织形式，应当根据中共中央强调的激发社会组织活力的基本精神，创新社会治理体制，鼓励和支持它们参与到农民工维权和服务过程中，发挥其扎根基层、与农民工群体联系密切的相应优势。2015 年 5 月，北京市委常委会召开会议，讨论通过了《关于深化本市社会治理体制改革的若干意见》等四项意见，提出要“把坚持党的领导、人民当家作主、依法治国有机统一落实到社会治理具体实践之中，关键是要加强和改进党的领导，推动政府、社会、市场互动，促进党组织、政府组织、基层组织、自治组织协同”①。

---

① 北京市研究深化本市社会治理体制改革等事项［N］. 北京日报，2015 - 5 - 5（01）.

围绕农民工群体的维权和服务，在经济、政治和社会环境持续改善的背景下，已经逐渐形成多元化的力量，并朝向整合的趋势发展。来自党和国家、群团组织、非政府组织和农民工自身的多重力量，相互构建、相互整合，在基层社会治理新格局当中，经过持续地磨合与沟通，最终可以形成保障农民工群体的多元化体系。

第一节 建构多元化维权与服务体系

目前，新生代农民工逐渐成为农民工群体的主要组成部分。相对于他们的父辈，新生代农民工对劳动权益的感知更强，更具有维权意识，对集体维权和谈判的要求更加明确，也更注重自身社会网络的建设。从前文的分析和相关研究结果来看，农民工的维权和服务工作将会更多地走向组织化、集体化的趋势，我们需要适应这种趋势，将工作引向制度化、规范化和标准化，形成相互支持、有效整合的多元体系。

一、社会治理新格局的要求

党的十九大报告明确提出“必须始终把人民利益摆在至高无上的地位，让改革发展成果更多更公平惠及全体人民，朝着实现全体人民共同富裕不断迈进”，“要完善公共服务体系，保障群众基本生活，不断满足人民日益增长的美好生活需要，不断促进社会公平正义，形成有效的社会治理、良好的社会秩序，使人民获得感、幸福感、安全感更加充实、更有保障、更可持续”。因此，作为城市社会中相对弱势的群体，同时又是作为工人阶级中数量最多的群体，农民工应当成为各级党委和政府、群团组织重点关注和支持的对象。农民工群体的权益得到保护、服务得到保障，能够获得职业发展、能够融入城市社会，这对于中国社会的城镇化进程和中国现代化经济体系的形成，都具有关键性的意义。加强农民工的维权和服务工作，是当前我国城市社会治理和社会发展的重要任务和内容。

在中央关于社会治理的政策阐述中，越来越强调治理重心的下移和多元力量的参与。党的十九大报告提出，打造共建共治共享的社会治理格局，完善"党委领导、政府负责、社会协同、公众参与、法治保障"的社会治理体制。这意味着在发挥党委、政府作用的同时，也需要发挥社会和公众的作用，形成公共权力和社会力量的协同治理。党的十九届四中全会进一步深化这一思想，在上述二十字方针的基础上，又增加"民主协商""科技支撑"的表述，要求构建"人人有责、人人尽责、人人享有"的社会治理共同体。可以说，党建引领下的多元共治、社会自主治理，正成为中国基层治理新体系的坚实基础。

农民工的维权和服务工作对于社会治理的意义，还体现在维权对于维稳的意义上。在维权和维稳的关系上，习近平总书记有非常精辟的论述。在 2014 年 1 月 7 日中央政法工作会议上，习近平总书记指出，要处理好维稳和维权的关系，把群众合理合法的利益诉求解决好；维权是维稳的基础，维稳的实质是维权。从这个意义上说，缓和并解决劳动关系领域的突出矛盾和问题，通过解决权益受到损害的农民工所面临的具体困难和问题，可以达到维护社会稳定、促进社会和谐的目的。农民工权益维护的效果和服务水平，也是我国社会治理体系和治理能力现代化的重要体现。

二、多元体系的基本结构

农民工维权和服务的多元化体系，核心是多元力量的参与，是由不同主体协同参与的服务格局。除此之外，多元体系也包括维权和服务内容的多元化、维权和服务手段的多样性。

首先，多元化体系的核心是参与力量的多元化。将农民工的权益维护和服务纳入社会治理的范畴，就意味着党和政府必须在这个过程中发挥特定的作用。按照十八届三中全会《关于全面深化改革若干重大问题的决定》精神、十九届四中全会《关于坚持和完善中国特色社会主义制度、推进国家治理体系和治理能力现代化若干重大问题的决定》精神，党委的领导作用必须加强，政府必须发挥主导作用，在农民工的权益维护和服务提供中不能缺席。同时要鼓励和支持社会各方力量的参与，实现政府治理和社会自我调节、居民自治良性互动，推进社会治理现代化。这就意味着必须形成多方力量共同参与的维权和服务体系，承认和支持农民工非政府组织在维权和服务过程中发挥的作用。当然，在农民工维权和服务的过程中，必须依法维权、依法服务，在宪法和法律的框架下形成多方力量参与的维权和服务体系。从总体上看，这个维权和服务的参与力量，主要包括党委和政府、工会等群团组织、企业组织、非政府组织、农民工自身等。

其次，多元化体系体现在维权和服务内容的多元化。这种内容多元化的提法，是来源于农民工群体在城市中的多元化需求。目前社会各界更多关注的农民工权益问题，主要集中在劳动经济领域，核心是工资和社会保险问题。但对于农民工在城市中的全面发展而言，居住、社会融入、子女教育和心理健康等问题，都是值得重视的方面。并且这些问题并非是独立的，往往与劳动经济权益之间存在千丝万缕的联系，需要提供一个整体性的解决方案。如果能够有多元化的力量参与农民工的维权和服务，那么整体性的解决方案就是可能的。本书提到一些农民工非政府组织逐渐将维权行动扩展到农民工子女教育和社会工作类的服务项目，一方面固然是为了组织自身的更好发展而采取的策略，另一方面也体现了对农民工群体多样化需求的积极回应。因此，有必要在农民工的劳动权益维护之外，将农民工群体在城市中遭遇的其他重要问题也纳入整体的维权和服务体系中。

最后，多元化体系还体现在维权和服务方式的多样性。这主要是指对于农民工群体的维权和服务，不能仅仅局限在具体问题、矛盾和需求的解决，还需要思考这些问题背后的制度和环境因素，并寻求从更为宏观的层面对农民工群体的权益进行政策倡导。因此，维权和服务应当包括两个不可或缺的层次，每个层次也都会有多样化的方式。

一是宏观层面的政策倡导。其目的是要从源头上解决农民工权益受损和服务缺乏的根源。这主要涉及对劳动关系方面的政策、法律和法规以及城市公共服务政策制定上的参与和影响。进行宏观层面的政策倡导，可以说是某些政府机构的职责所在，同时，工会、妇联等群团组织，以及包括农民工组织在内的非政府组织，都可以参与到这项工作当中。从我国目前的现实来看，工会组织在政策倡导、源头参与方面发挥了重要作用。在《劳动法》《劳动合同法》《社会保险法》等保护劳动者权益重要法律法规的制定中，中华全国总工会都发挥了极其重要的作用。在未来农民工的维权和服务工作中，还需要更强的政策倡导力度，比如对工人集体协商权的立法保障、对农民工城市社会融入和子女教育的政策保障等。并且在政策倡导中，也可以吸纳非政府组织的参与，让非政府组织的声音也能体现在国家的立法和政策制定中。

二是微观层次的事件维权、社会工作服务等。事件维权主要是对农民工所遭遇的具体问题和困难的解决，目前还是农民工维权领域的主要形式。当然，对于农民工个体来说，相对于宏观层面的政策倡导，解决具体的问题和困难或许才是最重要的维权。同时，从实践层面来看，微观层次的维权和服务还应包括目前正在发展的社会工作类服务。社会工作对于弱势群体的关照及其社会服务功能，非常符合政府社会治理的需要。在2015年5月北京市委常委会的会议中，就明确提到要“加快推进社会服务方式转变，引入市场机制；加快推进社会组织改革创新，激发社会发展活力”。不只是政府，中华全国总工会也成立了社会联络部，联系引导劳动关系领域社会组织，同时各级工会组织也在大量面向社会公开选聘专职工会社会工作者，希望在职工维权和服务领域创新方式方法。2016年12月，中华全国总工会印发《关于推进工会联系引导劳动关系领域社会组织工作的意见》，提出了要积极扶持发展劳动关系领域的社会组织，通过购买服务等方式为职工提供优质的服务。在上述两类微观层次的维权方式中，还需要注重对农民工自身素质的教育和培养，通过法律宣传、教育培训、增权等手段，引导农民工树立权利意识，能够主动地依法维护自己的权益。

第二节　促进不同组织有效整合

党的十八届三中全会、十九届四中全会关于社会治理的政策话语中，都强调鼓励和支持社会各方力量的参与。从我们的研究来看，不同组织力量之间的互信和协作仍然不足，但是在党和国家政策的引导、经济社会发展的推动下，整合协同是发展的必然趋势。从农民工的组织化形式来看，主要涉及工会组织和农民工非政府组织。就工会而言，组织拥有特殊的政治属性，并且是以维权和服务作为自身的基本职责。因此，在整合协同的过程中，工会必须作为引领的主体来发挥作用，积极主动地整合农民工非政府组织等各种资源，推动农民工维权和服务工作的有效开展，实现有效社会治理。

一、实现工会组织引领整合功能

中国工会在党和国家的治理体系中拥有极高的政治定位。在《中国工会章程》中，中国工会被表述为“是党联系职工群众的桥梁和纽带，是国家政权的重要社会支柱，是会员和职工利益的代表”。可以说，工会工作是党的事业的重要组成部分。这种政治地位，保障了工会组织在国家政治生活和社会治理中的基本参与，使工会组织有条件、有能力成为保护职工、服务职工的主体力量。在《中国工会章程》中，工会也将习近平总书记提出来的“维护职工合法权益、竭诚服务职工群众”作为自己的基本职责，这意味着面对农民工群体，维权和服务工作是工会至为光荣的重大责任与使命。

在农民工维权和服务工作中，工会组织毫无疑问是直接行动的主体，另外不可忽视的是，工会组织也应当成为整合其他社会组织的重要引领者。2011 年 11 月联合发布《关于加强社会工作专业人才队伍建设的意见》的十八个部门和组织中，中华全国总工会就位列其中。2016 年 12 月，中华全国总工会、民政部、人力资源社会保障部联合发文，出台《关于加强工会社会工作专业人才队伍建设的指导意见》，提出了要建立一支素质优良的工会社会工作专业人才队伍，到 2020 年力争达到 20 万人。其中提到工会社会工作专业人才是指具有一定的社会工作专业理念、知识和技能，面向广大职工提供工会组建、权益维护、争议调处、困难帮扶、就业援助、教育引导、人文关怀、职业发展等方面社会服务的专门人员，是国家社会工作专业人才队伍的重要组成部分。同一时间，中华全国总工会印发《关于推进工会联系引导劳动关系领域社会组织工作的意见》，提出“联系和引导劳动关系领域社会组织，是党中央赋予工会组织的重要政治责任，也是工会适应形势发展、积极主动作为、推进改革创新的重要部署”，强调要加强引领带动，积极扶持发展劳动关系领域的社会服务机构等社会组织，通过购买服务等方式为职工提供优质的服务，到 2020 年基本形成“党委高度重视、政府大力支持、工会联系引导、各方密切协作、社会组织精准服务、职工群众广泛参与”的工作格局。

可以说，国家政策支持、职工现实需求、工会改革创新的需要，共同推动了工会组织充分扮演好社会组织整合引领者的角色。在这个过程中，对于工会这样的群团组织而言，坚持党的领导、坚定正确的政治方向，坚持法治思维、依法推进各项工作，都是必须首先坚持的原则。但是，如果要使这项引领和整合工作真正取得实效，还必须坚持眼睛向下、面向基层，也就是真正深入职工群众当中，倾听农民工群体的声音，把握这个群体最关心最迫切最现实的问题和需求；必须坚持打开心胸、开放思维，正确认识农民工非政府组织等社会组织的功能和价值，真诚联系合作，勇于改革创新，致力于构建协同共进的服务共同体。

二、发挥农民工非政府组织积极功能

从改善社会治理的角度看，农民工非政府组织和其他非政府组织都可以成为社会治理的重要参与方。对于一个社会的良性运行而言，有组织比没组织好。创新社会治理体制的一个重要内容是“激发社会组织活力”，这就需要破除对社会组织的错误认识。李强教授提到，我们过去总是认为社会组织“不良性、不健康、没秩序”，把社会组织看作一种异己的力量。今天，我们不但不应害怕社会组织，而且还应像中央文件中要求的那样，希望它们能有更大的活力、发挥更大的作用。我们应该承认，在我们社会主义国家里，广大人民群众所参加和组织的社会组织，它们的基本动机和目标是善意的①。

事实上，有效地将农民工群体组织起来，以农民工集体的力量与企业方进行谈判或协商，是市场经济条件下解决劳资矛盾和冲突的有效途径，并且有利于将矛盾和冲突限定在特定的劳动经济领域，有利于维护社会的和谐与稳定。因此，我们需

---

① 李强．社会治理的最终原则究竟是什么［N］．北京日报，2015－9－28（18）．

要重视农民工非政府组织的作用，并处理好政府、工会组织和农民工非政府组织之间的关系，让不同力量互为补充，最终通过维护劳动者的权益促进劳动关系和谐和社会和谐。

首先，必须正确认识农民工非政府组织在农民工维权和服务中发挥的作用与功能。近几年来，随着农民工群体自身的结构变化和团结意识的提升，他们从最初的小团体内部的互相帮助，走向了依靠工会和其他社会组织维权的道路。在表达利益诉求时，集体抗议和集体谈判成为其维护自身权益的主要模式，显露出日渐清晰的组织化趋势。尽管目前在珠三角地区，非政府组织介入工人维权的集体行动受到很多非议，但其实应该看到，这种集体化行动很可能避免了农民工个体可能会采取的极端化维权手段。从一定意义上说，这种集体化的方式将农民工的维权行动限定在特定区域内的特定问题上，从而有效地避免了不良事件和非理性行为的发生。因此，从长远发展来看，我们需要认识到农民工非政府组织能够通过维权和服务活动，引导一些无序行为或者是激烈的集体行为，走向有序化、规范化和制度化。

从具体承担的功能来看，目前农民工非政府组织不仅会在特定的事件中参与到维权和服务的实际过程，比如作为特定农民工的代理人来处理争议事件，或者是以农民工群体的权益促进者身份，参与农民工整体素质的培训和提升等。本书关注的“在行动”和“工之友家园”等组织，都在工人服务方面开展了大量的工作，比如法律援助、技能培训、工人建设、子女教育、法律及健康常识普及等。这些素质提升工作所发挥的重要作用，在于培养一个有文化的和懂法律的劳动者，能够自觉维护自身的合法权益。与此相联系，农民工非政府组织还倡导农民工之间相互帮助，引导有法律意识的农民工影响他人，让更多的农民工能够依靠自身力量解决问题。

其次，必须正确处理好政府、工会组织和农民工非政府组织之间的关系。这样做的目的是要实现不同社会治理力量之间的分工协作，形成互补合作的新型关系结构。在本书第四章我们已经讨论了政府、工会组织和农民工非政府组织的特征及其在维权和服务过程中存在的问题。各个组织所存在的一些不足，恰恰可以通过不同机构和组织之间的相互合作得到弥补。

当然，从整体来看，目前在农民工权益维护和服务提供方面，工会组织特别是中华全国总工会的作用相当重要。这主要表现在中华全国总工会对劳动政策、法律和法规的制定所产生的重大影响上。工会组织的这种作用，是其他社会组织无法达到的。随着经济和社会体制改革的逐步深入，工会组织作为工人阶级的合法组织形式，一方面要切实承担起职工合法权益的维护职责、各种社会服务的提供职责，同时也需要强化对农民工非政府组织等社会力量的整合和引领，推动形成共建共治共享的社会治理格局。

近些年来，随着农民工非政府组织在维权和服务方面的工作逐渐发展成熟，在改善劳资关系、促进社会治理方面作出一定的贡献，政府也逐渐重视非政府组织的作用，并通过购买服务的方式为非政府组织的活动和发展提供了一定的支持，这些举措可以说是很大的进步。但是，在中央强调“激发社会组织活力”“构建基层社会治理新格局”的背景下，政府相关部门还需要在坚持依法治理，推进社会组织明确权责、依法自治和更好发挥作用等方面做出更多的创新。

三、支持农民工非政府组织参与社会治理

农民工的权益维护和服务提供是当前我国劳动关系领域甚至是整个社会领域中最重要的问题之一。本书也将其视为社会治理的一个重要方面。正如前文所述，在社会治理过程中，我们需要正确认识农民工非政府组织的重要作用，在此基础上采取相应措施，规范和支持农民工非政府组织的维权和服务行动，发挥它们在促进社会治理方面的积极作用。

第一，积极推动农民工非政府组织身份和行动合法化。身份和行动合法化是农民工非政府组织在发展过程中遇到的主要困难之一，常常直接导致了非政府组织在获取资源和开展服务时受到很大约束，影响非政府组织获得政府和公众的信任。很多农民工非政府组织在成立过程中都为了能够进行民政注册而不断努力，但相当一部分只能通过工商注册获得合法化的身份。工商注册不利于农民工非政府组织开展劳动者维权和相关服务活动，并且在一些地区的规定中，工商注册的身份不能参与政府部门的购买服务项目。因此，从发挥非政府组织参与社会治理的积极作用的角度出发，要为它们的身份和行动合法化创造更便利的条件。当然，便利不等于放任自流，而是规范化、制度化的运作。

第二，要对农民工非政府组织等社会组织依法进行管理。但是要明确，依法管理的目的，是要确保农民工非政府组织能够依法自治，切实履行维权和服务的职责，而不是限制它们发挥作用。政府应当构建合理的整体性制度安排，努力为弱势群体提供多元化、多层次的问题解决渠道。需要注意三个方面：一是政府自身需要适当转变职能，将适合由社会组织提供的公

共服务和解决的事项，交由社会组织承担。二是在鼓励和支持农民工非政府组织发挥作用的过程中，政府部门应该坚持依法治理，通过制定规则和规范，发挥监管功能，引导它们依法开展活动。比如，北京市在《关于深化北京市社会治理体制改革的意见》中提到，“将力争用 3 年时间，初步形成社区区域化党建工作格局，加快推进社会组织党建工作全覆盖”。这种通过党建工作加强对社会组织的领导，就是一种重要的引导和监管方式。三是政府还需要关注农民工非政府组织的人力资源状况，通过开展培训、资金支持等方式，努力提高社会组织从业人员的文化素质和道德素养，提升他们为农民工群体开展维权和服务的能力。

第三，积极发挥农民工非政府组织的资源整合功能。目前工会组织在与基层职工的沟通互动上存在一些问题，打通服务职工“最后一公里”是工会工作创新的迫切需要，而农民工非政府组织可以为工会组织提供服务，承担一部分联系职工和服务职工的职责。农民工非政府组织扎根于所服务的对象当中，其生命力就在于和服务对象的直接联接与互动。在这个意义上，工会组织的角色是政治性的枢纽型社会组织，可以作为国家与社会组织之间的桥梁纽带，对社会组织进行聚集、管理和服务，通过委托服务项目等形式，发挥社会组织在农民工维权和服务方面的功能。就农民工非政府组织而言，它将政府和工会组织的资源与农民工群体联结起来，并可以通过政府和工会组织的支持与企业开展谈判和协商活动。这样一来，农民工非政府组织就可以在企业劳动关系这一基层领域发挥资源整合的作用，有望促成一种社会自我调节机制。

参考文献

1. Anita Chan, Revolution or Corporatism? Workers and Trade Unions in Post – Mao China, The Australian Journal of Chinese Affairs, No. 29, Jan. , 1993.

2. Anita Chan, A 'Race to the Bottom': Globalization and China's labor Standards, China Perspectives, No. 64, March – April 2003.

3. Bevery J. Silver, Forces of labour: Workers' movements and globalization since 1870, Cambridge University Press, 2003.

4. Cedric Dawkins, Beyond Wages and Working Conditions: A Conceptualization of Labor Union Social Responsibility. Journal of Business Ethics, 2010, 95 (1) .

5. Chaturong Napathorn, Suchada Chanprateep, What Types of Factors Can Influence the Strength of Labor Unions in Companies and State Enterprises in Thailand? . International Journal of Business and Management, 2011, 6 (2) .

6. Edward Scanlon, Scott Harding, Social Work and Labor Unions: historical and contemporary alliances. Journal of Community Practice, 2005, 13 (1) .

7. Feng Chen, Between the State and Labour: The Conflict of

Chinese Trade Unions' Double Identity in Market Reform, The China Quarterly, No. 176, Dec., 2003.

8. Gordon White, Chinese trade unions in the transition from socialism: towards corporatism or civil society, British Journal of Industrial Relations, 1996, 34 (3).

9. Jude Howell, Trade Unionism in China: Sinking or Swimming?. Journal of Communist Studies & Transition Politics, 2003, 19 (1).

10. Lee Ching Kwan, Production Politics and Labor Identities: Migrant Workers in South China, China Review, Issue 1995.

11. Qun – hua JIANG, Jun – fang TANG, Obstacles Existed in the Labor Union's Endeavors to Protect the Employees' Rights and Some Wayouts. Cross – cultural Communication, 2010, 1 (3).

12. Semoon Chang, Lynn Robinson, Perception of Labor Unions: by Union Members and Their Potential Employers, American Journal of Business, 1990, 5 (2).

13. Sinclair Robert R., Martin James E., Sears Lindsay E., Labor unions and safety climate: perceived union safety values and retail employee safety outcomes. Accident Analysis & Prevention, 2010, 42 (5).

14. Snyder D., Institutional Setting and Industrial Conflict: Comparative Analyses of France, Italy and the United States. American Sociological Review, 1975, 40 (3).

15. Wright. E. O., Working – Class Power, Capitalist – Class Interests, and Class Compromise, American Journal of Sociology, 2000, 105 (4).

16. ［美］鲍威尔，迪马吉奥主编．组织分析的新制度主义［M］．姚伟译．上海：上海人民出版社，2008.

17. ［美］托克维尔．论美国的民主［M］．董果良译．北京：商务印书馆，1991.

18. ［美］托马斯，［波兰］兹纳涅茨基．身处欧美的波兰农民［M］．张友云译．南京：译林出版社，2000.

19. 常凯．劳动关系的集体化转型与政府劳工政策的完善［J］．中国社会科学，2013（6）．

20. 陈浩，杨晓军．农民工就业培训调查分析［J］．人口学刊，2009（2）．

21. 陈建胜，刘志军．加入工会抑或成立自组织——关于农民工组织权的思考［J］．人文杂志，2010（5）．

22. 陈世香，赵雪．农民工公共文化服务供给机制研究：基于“服务三角”模型的建构［J］．行政论坛，2017（1）．

23. 程蹊，陈全功．农民工维权组织的建立和作用效率的经济学分析——兼论工会的改革走向［J］．工会论坛，2005（1）．

24. 程蹊．从典型个案看农民工 NGO 的建立——基于海南外来工之家、北京打工妹之家的实证对比分析［J］．武汉科技大学学报（社会科学版），2005（2）．

25. 程奕建．农民工对老乡会倾向性的实证研究［J］．广东农业科学，2011（14）．

26. 邓保国．农民工民间组织的基本功能研究［J］．农业经济，2009（2）．

27. 邓雅莉，王金红．中国 NGO 生存与发展的制约因素［J］．社会学研究，2004（2）．

28. 丁胜如．农民工权益保障机制的缺失与健全——谈工会组织的维权途径［J］. 调研世界，2005（1）.

29. 董玥玥. 非制度化利益抗争：农民工维权的行动策略及其解释［J］. 湖北省社会主义学院学报，2011（6）.

30. 段成荣，吕利丹，王宗萍，郭静. 我国流动儿童生存和发展：问题与对策——基于 2010 年第六次全国人口普查数据的分析［J］. 南方人口，2013（4）.

31. 方巍. 从草根组织到工会志愿服务站——协同治理视角下的 NGO 转型研究［J］. 社会科学，2016（3）.

32. 冯军旗. "新化现象" 的形成［J］. 北京社会科学，2012（2）.

33. 傅宝第，马骏，李军岩. 寻找农民工自组织的维权途径［J］. 理论界，2005（6）.

34. 高丙中. 社会团体的合法性问题［J］. 中国社会科学，2000（2）.

35. 葛笑如. 工会组织的制度变迁与农民工权益维护［J］. 农村经济，2005（5）.

36. 郭志全. 浅析民间组织在农民工维权中的作用［J］. 安徽农业大学学报（社会科学版），2009（5）.

37. 何晓红. 农民工公共服务：政府、市场、社会新型协同互动［J］. 云南行政学院学报，2017（3）.

38. 何艳玲，周晓锋，张鹏举. 边缘草根组织的行动策略及其解释［J］. 公共管理学报，2009（1）.

39. 何燕. 农民工权益保障：问题、原因及对策——成都市的实证分析［J］. 农村经济，2013（6）.

40. 何晔，安建增. 论和谐社会中政府与非政府组织的关系［J］. 陕西理工学院学报（社会科学版），2006（1）.

41. 和经纬，黄培茹，黄慧．在资源与制度之间：农民工草根 NGO 的生存策略——以珠江三角农民工维权 NGO 为例［J］．社会，2009（6）．

42. 侯亚非，张展新．流动人口的城市融入：个人、家庭、社区透视和制度变迁研究［M］．社会科学文献出版社，2010.

43. 胡洪彬．农民工 NGO：现实意义与发展策略［J］．中国青年研究，2009（2）．

44. 江刘伍，沈梅．当代中国农民工公共文化服务现状及路径探究［J］．艺术百家，2015（2）．

45. 姜海珊，李升．城市融入视角下的北京农民工公共文化服务状况［J］．人口与社会，2016（2）．

46. 姜捷．农民工市民化进程中基本公共服务均等化问题研究［J］．农业经济，2015（12）．

47. 姜涛，孙玉娟．非政府组织（NGO）对农民工维权的影响与制约［J］．南京农业大学学报（社会科学版），2008（1）．

48. 江立华，胡杰成．“地缘维权”组织与农民工的权益保障——基于对福建泉州农民工维权组织的考察［J］．文史哲，2007（1）．

49. 靳潇慧，任洁．农民工 NGO 发展现状对策研究［J］．现代商贸工业，2009（20）．

50. 孔一．从同乡会到工会——农民工组织化维权的可能道路［J］．法治研究，2010（9）．

51. 兰剑．政府主导下的农民工公共文化服务供给困局及其路径重构——“社会化供给与多元主体参与”模式的一种设想［J］．吉首大学学报（社会科学版），2015（5）．

52. 李建，盛振文，王互琴．构建城乡一体的农民工管理服务体系［J］．中国成人教育，2015（20）．

53. 李培林．流动民工的社会网络和社会地位［J］．社会学研究，1996（4）．

54. 李强．农民工与中国社会分层［M］．社会科学文献出版社，2004.

55. 李强．推进社会学的“社会政策学科”建设［J］．社会学研究，2019（4）．

56. 李尚旗．工会：农民工利益表达的组织选择［J］．北京工业大学学报（社会科学版），2009（2）．

57. 李尚旗．非政府组织的生存困境及其建设路径——以利益表达为研究视角［J］．北京工业大学学报，2010（4）．

58. 梁伟军，李巨存．农民工组织化维权现状及其效果的影响因素研究——基于河南省 X 县农民工的调查［J］．江汉大学学报（社会科学版），2017（2）．

59. 廖艺萍．农民工政治参与的困境与出路——基于和谐社会视角的分析［J］．探索，2006（1）．

60. 刘建洲．农民工的抗争行动及其对阶级形成的意义——一个类型学的分析［J］．青年研究，2011（1）．

61. 刘林平，张春泥．农民工工资：人力资本、社会资本、企业制度还是社会环境？——珠江三角洲农民工工资的决定模型［J］．社会学研究，2007（6）．

62. 刘敏，李宗植，黄润龙，方荣军．农民工权益保障问题的实证研究——以江苏省为例［J］．农业经济问题，2007（6）．

63. 卢国显．同乡会：农民工组织化与非正式组织参与的实证研究［EB/OL］．中国社会学会网站，http：//www. soci-

ology2010. cass. cn/upload/2012/08/d20120830142501952. pdf.

64. 卢建锋，张艳．农民工工会的外部人控制［J］．中国农村经济，2011（11）．

65. 罗观翠，顾江霞．华南农民工 NGO 的组织环境分析［J］．青年研究，2008（10）．

66. 清华大学社会学系课题组．农民工“短工化”就业趋势研究报告［J］．清华社会学评论，2013（00）．

67. 石晓天．农民工权益维护的路径分析及其出路［J］．湖北省社会主义学院学报，2011（1）．

68. 舒迪．农民工正成为中国工人阶级的主要力量［J］．金融信息参考，2004（9）．

69. 宋月萍，马腾．同乡会对农民工劳动收入的影响［J］．中国人民大学学报，2015（2）．

70. 汪华．乡土嵌入、工作嵌入与农民工集体行动意愿［J］．广东社会科学，2015（2）．

71. 王聪．我国农民工自组织产生的深层根源［J］．科技信息，2010（22）．

72. 孙自法．中国存在“四农”问题 农民工问题是核心［J］．农村．农业．农民（B 版），2005（10）．

73. 金红，黄振辉．制度供给与行为选择的背离——珠江三角洲地区农民工利益表达行为的实证分析［J］．开放时代，2008（3）．

74. 王伦刚．农民工的非正式利益抗争及其运作机制——基于“太太讨薪队的故事”的分析［J］．天府新论，2009（5）．

75. 王舒婷．上海农民工医疗保险研究［D］．复旦大学硕士论文，2012.

76. 王鑫芳，俞林．职业教育服务新生代农民工职业转换的“嵌入式”路径研究［J］．成人教育，2016（11）．

77. 王彦斌，杨学英．制度扩容与结构重塑——农民工职业安全与健康服务的适应性发展［J］．江苏行政学院学报，2015（6）．

78. 汪建华，郑广怀，孟泉，沈原．在制度化与激进化之间：中国新生代农民工的组织化趋势［J］．二十一世纪，2015（8）．

79. 王义．城市农民工自组织的社会资本分析及其构建研究［J］．山西大同大学学报（社会科学版），2011（1）．

80. 闻效仪．工会直选：广东实践的经验与教训［J］．开放时代，2014（5）．

81. 吴朝安，田少坤．建筑业青年农民工权益状况及对策研究报告［J］．中国青年研究，2013（2）．

82. 吴开俊，吴宏超．珠三角地区进城务工人员随迁子女义务教育问题研究［J］．教育研究，2011（12）．

83. 吴丽萍．农民工加入工会组织的制约因素及完善［J］．兰州学刊，2010（1）．

84. 吴同，文军．自我组织与遵纪守法：工人依法维权的集体行动策略——以上海 SNS 企业工人抗争为例［J］．社会，2010（5）．

85. 吴亚平．对农民工“组织起来、切实维权”实现形式的探讨［J］．中国劳动关系学院学报，2006（1）．

86. 吴妤，潘磊，于佳．我国农民工非政府组织的职能定位与发展路径研究［J］．经济体制改革，2009（1）．

87. 吴忠民．从平均到公正：中国社会政策的演进［J］．社会学研究，2004（1）．

88. 谢安民．农民工组织发展的政治嵌入——以浙江乐清市“霍邱之家”为例［J］．中共浙江省委党校学报，2014（1）．

89. 谢建社，张华初．农民工市民化公共服务成本测算及其分担机制——基于广东省 G 市的经验分析［J］．湖南农业大学学报（社会科学版），2015（4）．

90. 谢建社，牛喜霞，谢宇．流动农民工随迁子女教育问题研究——以珠三角城镇地区为例［J］．中国人口科学，2011（1）．

91. 徐法寅．农民工群体的结构化及其劳动体制分析［J］．浙江社会科学，2019（2）．

92. 徐建丽．农民工自力维权组织与工会引导［J］．中国劳动关系学院学报，2011（5）．

93. 徐建丽．浙江非公企业劳资矛盾与工会调节作用研究——基于农民工租住地工会的实证研究［J］．浙江社会科学，2012（3）．

94. 徐旭初，吕冬洁．农民工维权组织及其组织化问题研究——以浙江省为例［J］．杭州电子科技大学学报，2007（4）．

95. 徐永新．我国农民工政策的演变及未来走向［J］．河南社会科学，2005（4）．

96. 杨翠萍，李秋霞．农民工制度化维权意愿的多维度分析［J］．华南农业大学学报（社会科学版），2016（5）．

97. 杨福忠．结社自由的规范领域与保护程度——以农民工入会为视角的宪法学分析［J］．国家行政学院学报，2012（4）．

98. 杨舸．同乡会、商会与工会——农民工组织功能及其构建［C］．2011 年中国社会学年会——城市化加速期社会建设论文集，2011．

99. 杨红朝．论农民工权益的工会保护［J］．行政论坛，

2012（2）.

100. 姚先国，李敏，韩军．工会在劳动关系中的作用——基于浙江省的实证分析［J］. 中国劳动关系学院学报，2009（1）.

101. 叶鹏飞．农民工的城市认同与定居意愿研究［M］. 北京：光明日报出版社，2013.

102. 余章宝，杨淑娣．我国农民工维权 NGO 现状及困境——以珠三角地区为例［J］. 东南学术，2011（1）.

103. 袁志刚．如何利用工会组织维护农民工权益［J］. 商业时代，2006（13）.

104. 岳经纶，屈恒．非政府组织与农民工权益的维护［J］. 中山大学学报，2007（3）.

105. 岳天明，朱志刚．我国农民工增能发展型社会福利服务供给研究［J］. 学习与实践，2017（12）.

106. 战梦霞，高亚春，高炳安．农民工公共服务、落户意愿及城市归属感调查研究［J］. 兰州学刊，2018（4）.

107. 张春泥，谢宇．同乡的力量：同乡聚集对农民工工资收入的影响［J］. 社会，2013（1）.

108. 张立忠．城市流动儿童的社会整合及其对策［J］. 南方农村，2007（1）.

109. 张小霞，张磊．基于网络调查的农民工 NGO 组织管理行为研究［J］. 中国人民公安大学学报（社会科学版），2015（4）.

110. 张殉，杨善华．"共识"、"无害"、"主流"下的存在合理性——从同乡会的架构和发展看中国民间组织的生存智慧［J］. 广东社会科学，2011（1）.

111. 郑功成，黄黎若莲．中国农民工问题：理论判断与政策思路［J］．中国人民大学学报，2006（6）．

112. 郑卫东．农民工维权意愿的影响模式研究基于长三角地区的问卷调查［J］．社会，2014（1）．

113. 钟兵．农民工基本公共服务均等化探析［J］．宏观经济管理，2015（8）．

114. 周斌．农民工维权行动的路径分析［J］．学术交流，2009（1）．

115. 周军，唐兴霖，赵俊梅．我国非政府组织与政府间的关系——以草根环境 NGO 为例［J］．理论探讨，2008（6）．

116. 周林刚，冯建华．农民工集体行动的策略——基于 X 厂 3 位组织精英的个案分析［J］．甘肃行政学院学报，2009（1）．

117. 周序．流动儿童教育政策中的社会控制理念［J］．江西教育科研，2007（5）．

118. 朱平利．基本心理需要与农民工非制度化维权意愿［J］．华南农业大学学报（社会科学版），2018（1）．

119. 朱天丰．农民工养老保险模式研究［D］．徐州：江苏师范大学硕士论文，2017.

120. 朱晓阳，陈佩华．职工代表大会：职工利益的制度化表达渠道？［J］．开放时代，2003（2）．

121. 邹静琴，武玉坤．农民工政治参与：理性选择与机制构建［J］．理论学刊，2007（7）．

122. 左权．非公有制企业工会维护农民工权益的困境与出路——基于法视角的分析［J］．南京审计学院学报，2012（2）．

后　记

改革开放以来，在中国经济社会快速发展的四十多年中，农民工群体付出的辛劳、做出的贡献应当被时代所铭记。中共中央指出，“进城就业的农民工已经成为产业工人的重要组成部分，为城市创造了财富、提供了税收”，为这个群体作出了最公正和客观的评价。美国《时代周刊》曾将中国农民工评选为年度人物，并在评价中称中国经济的高速发展要归功于千千万万勤劳坚韧的中国农民工。2020 年 3 月，在《时代周刊》封面发布的抗疫群像中，中国外卖骑手高治晓登上封面，凸显了这些传递希望的“城市摆渡人”在新冠病毒防疫的特殊时期所担当的非凡使命。我很庆幸自己在这个伟大时代能够一直关注和研究这个伟大群体的劳动问题，致力于倡导和推进他们的权益保护与全面发展。

多年来，我一直进行农民工维权与服务体系构建相关研究，并组织研究团队进行了许多调查和访谈，受到很多启发和鼓舞。在调研过程中，我们看到在社会转型的历史时期，农民工群体表现出不断追求发展的内在动力，也看到了农民工的不断进步和美好的未来。除了研究的成果和发现之外，传递这种希望和未来也是我们从事研究的重要意义。

在此，我首先要感谢我的导师——清华大学李强教授以及清华大学刘精明教授，本书中使用的部分“中国城镇化与劳动移民研究”调查项目数据，正是由李强教授主持和刘精明教授具体组织实施的项目。我有幸参与到整个项目当中，承担了北京市和河北省的调查工作，也因此收获良多。

在调查和访谈中，我们得到了很多农民工非政府组织负责人和工作人员的热心支持与帮助，在这里，我要致以最诚挚的谢意。由于本书对受访对象进行了匿名化，因此未列出具体的感谢名单。

我还要感谢在研究过程中参与调查研究和资料收集工作的中国劳动关系学院的同学们。唐佳进行了大量的文献收集和整理工作，黄翊君、刘国斌、吴家珍在相关机构进行了大量的田野调查和资料收集工作，陈泓键收集整理了有关农民工群体的政策资料，陈晓、汪小霞、高亚惠、陈小凤、邓桢等，进行了很多资料收集和整理工作。

最后，我深知本书还存在很多不足。现实和问题总是在不断变化和发展中，希望读者朋友能够不吝指教，共同深入探讨农民工群体的保护与发展这一当前必须重视的重大问题。

叶鹏飞

2020 年 3 月 20 日